致青年律师的信
律师如何开拓案源

音邦定　范大平◎著

台海出版社

图书在版编目（CIP）数据

致青年律师的信：律师如何开拓案源 / 音邦定，范大平著 . -- 北京：台海出版社，2021.11
ISBN 978-7-5168-2724-6

Ⅰ.①致 ... Ⅱ.①音 ...②范 ... Ⅲ.①律师业务 – 中国 Ⅳ.① D926.5

中国版本图书馆 CIP 数据核字（2021）第 194382 号

致青年律师的信：律师如何开拓案源

著　　者：音邦定　范大平

出 版 人：蔡　旭　　　　　　　　封面设计：张合涛
责任编辑：赵旭雯　高惠娟

出版发行：台海出版社
地　　址：北京市东城区景山东街 20 号　邮政编码：100009
电　　话：010-64041652（发行，邮购）
传　　真：010-84045799（总编室）
网　　址：www.taimeng.org.cn/thcbs/default.htm
E-mail：thcbs@126.com

经　　销：全国各地新华书店
印　　刷：天津丰富彩艺印刷有限公司
本书如有破损、缺页、装订错误，请与本社联系调换

开　　本：880 毫米 ×1230 毫米　　1/32
字　　数：104 千字　　　　　　　印　张：6.5
版　　次：2021 年 11 月第 1 版　　印　次：2021 年 11 月第 1 次印刷
书　　号：978-7-5168-2724-6

定　　价：49.80 元

你戴着荆棘的王冠而来，

你握着正义的宝剑而来。

律师，

神圣之门又是地狱之门，

但你视一切险阻诱惑为无物。

你的格言：

在法律面前人人平等，

唯有客观事实才是最高的权威。

——胡乔木

前言

　　随着我国法治进程的不断推进，我国对执业律师的需求在逐步扩大，越来越多的年轻人加入律师队伍。然而，近年来国内青年律师的执业现状并不是很乐观，其中，案源不足成为压在无数青年律师心头的一块大石，甚至有些很有潜力的青年律师因缺乏案源而被迫放弃了律师职业。俗话说，"授人以鱼，不如授人以渔"。为使广大青年律师能够以较快速度获取案源，我们根据多年律师执业经验整理编写了这本书，供青年律师们参考、学习，以增强青年律师开拓案源的能力。因书中部分来自网络的资料无法一一查找真实来源，若有侵犯他人著作权之处，请及时与我们联系，以便我们在下一次付印时修正。

音邦定　范大平

目　录

第一章
案源开拓是律师执业的生命线

第二章
律师开拓案源的必备技能

第三章
律师寻找案源的有效途径

第四章
律师开拓案源的最高境界：“吸引”案源

案源开拓是律师执业的生命线

■ 第一章

一、正确认识律师职业

许多通过了国家统一法律职业资格考试到律师事务所实习的律师助理，或刚取得法律职业资格证的青年律师，经常会问我们这样一个问题："律师究竟是一个怎样的职业？"这不仅是律师行业的新人会有的困惑，对于我们这些从事了多年律师工作的老律师而言，在执业过程中，也常常会对律师职业的认识产生一些困惑。

我国的律师职业化进程还是比较短暂的。1979 年，我国才恢复律师制度，至今只有 40 多年的历史，无论是业内还是业外，对律师职业的认识都相对有限，有些人认为律师是"法制的捍卫者""平衡民主的最强大力量""你戴着荆棘的王冠而来，你握着正义的宝剑而来"，而有些人认为律师"收费昂贵，只为当事人着想""一切向钱看"，等等。我个人认为，这些认识都具有一定的片面性，部分说法甚至歪曲了律师这一职业，可能会误导很多律师对自身执业行为和职业价值的认识，从而找不到职业的方向、职业的目标，尤其是对刚刚进入律师行业的青年律师来说，影响可能更大，后果可能也较为严重。

刚刚进入律师行业的新人，对于律师这份职业需要有一个客观正确的认识，要有明确的职业定位，只有在正确思想观的引导下，我们才能坚持正确的方向，才能做出合理的行为，才能坚定职业的梦想。

对于律师职业的认识，首先要从我国的《律师法》谈起。根据《律师法》第二条的规定，律师是指依法取得律师执业证书，接受委托或者指定，为当事人提供法律服务的执业人员。律师应当维护当事人合法权益，维护法律正确实施，维护社会公平和正义。

首先，律师职业需要具有较强的专业性。它依靠专门的知识和技能为当事人提供专业的服务，最大限度地维护当事人的合法权益。只有通过法律职业资格考试才能进入律师行业，才有可能被授予律师资格，准予执业。执业后，律师还要不断地学习以加强自身专业水平，参加各种职业继续教育，不断学习新的法律法规和司法解释，时刻保持专业水准。律师职业的专业性是律师生存的基本保证，也是律师获取服务报酬、赢得社会尊重、提升职业地位的资本。一个不专业的律师最终会被当事人冷落、被市场淘汰。

专业化，是律师发展的必由之路。律师专业化是将律师可支配资源进行重新分配，根据市场需求、个人喜好、特长等因素重新整合，团队通过合理分工、紧密配合，对重新整合的资源进行有效利用，以获取更多可支配资源，从而实现资源循环获取、充分利用的过程。未来的法律服务会对效率有进一步的要求，这使得法律服务的分工及专业化成为必然。

其次，律师职业具有一定的商业性。法律服务作为一种服务形式，并没有脱离商业的本质，一些必然的商业发展规律，也同样适用于这个行业。法律服务是一种商业服务，这已经是国际公认的法律服务类别界定，也是社会公众所普遍认同的观点。乌拉圭回合《服务贸易总协定》中规定，法律服务是商业服务中的专业服务。在社会主义市场经济的大背景下，律师不仅仅是法律工作者，更是一名自由职业者，律师没有国家工作人员的身份，没有国家拨付的经费，只能依靠自己的专业知识和专业能力向社会公众提供法律服务，并获得相应的报酬，以此维持自己的生活并谋求更大的发展。因此，当我们把律师当作一项职业去做时，我们必须要为自己做宣传、做推广，来获取案源和报酬。案源就是我们律师的生命线。律师行业有句俗语"案源为王"，你的专业能力再强，没有案源就没有一切，有了案源就等于有了收入，有了展示自己的专业能力、实现个人价值的机会。

最后，律师职业具有政治性。律师制度是现代政治文明的重要标志之一，也是法治社会的重要标志之一。约翰·梅西·赞恩在其《法律简史》中就认为，"法律的历史表明，没有执业律师阶层就不会有法治"。律师通过维护当事人的合法权益，协助社会公平和正义的实现，另一方面也有效地制约和防范公权力的滥用，监督执法机关、司法机关正确实施法律，从而推动整个社会的法治进程。

青年律师在职业生涯开始之初，一定要对律师职业有一个正确的认识，这样才能准确地规划自己的职业生涯，不至于在未来执业过程中迷失自我，或纠结于要不要继续做律师的困惑中。

二、法律服务市场的现状

在依法治国的大背景下，我国法律服务行业得到了飞速的发展与进步，这为我们青年律师执业提供了非常好的发展契机，同时也给他们带来了巨大的挑战。

（一）律师从业人数和律所数量持续扩容

1995年《中国人权事业的进展》报告记载：到1994年底，全国律师人数已达83619人。1996年《中国人权事业的进展》记载：据统计，1996年，全国律师行业从业人员已达到10多万人。1998年《中国人权事业的进展》报告记载：全国律师事务所已从1979年的79家发展到1998

年底的 8600 多家，执业律师从 212 人增加到 10 万多人。2000 年《中国人权事业的进展》报告记载：目前，全国有律师事务所 9500 多家，律师 11 万多人。截至 2001 年 6 月，中国律师总人数已达到 114892 人，其中专职律师达 70147 人。律师服务机构也由 1981 年的 2023 个，上升到各类律师事务所已近 1 万个。2003 年《中国人权事业的进展》报告记载：截至 2003 年底，全国法律援助机构已发展到 2774 个，比上年增加 356 个；工作人员为 9457 名，增加了 1172 名。2004 年《中国人权事业的进展》报告记载：据统计，截至 2004 年 6 月，全国执业律师已达 11.45 万人，律师事务所已达 11691 家。

从 2000 年开始，中国的律师人数整体上几乎没有变化，基本维持在 11 万余人，也始终没有超过 12 万人。

但近年来，律师队伍正在快速增长。根据全国律协 2013 年 8 月 26 日向社会公开发布的《中国律师行业社会责任报告》统计显示：截至 2012 年底，中国律师事务所数量为 19361 家，中国（不含港澳台地区）律师数量为 232384 名。目前我国每 1 万人口平均拥有 1.6 名律师。根据司法部政府网的数据，截至 2019 年底，全国共有执业律师 47.3 万多人，律师事务所 3.2 万多家。由以上数据可见，中国的律师队伍在不断扩大，而且其扩大的速度也是逐年加快。

（二）诉讼案件仍是法律服务市场主要需求，但非诉案件在不断上升

近年来我国大力推动依法治国，法律服务行业市场需求迎来稳步增长，诉讼案件仍是我国法律服务行业最重要的需求来源。在各类案件中，民事诉讼代理占诉讼案件受理的主要份额，受理数量超过总案件数量的七成，而且受理数量近五年来呈稳步增长趋势。

1. 非诉案件需求不断上升

随着市场经济的发展，非诉案件的市场规模也在不断扩大。市场交易趋于复杂化，仅靠交易习惯、熟人信赖关系建立的交易模式被越来越多的违约和纠纷所打破，越来越多的中小企业家开始意识到法律风险的重要性，纷纷聘请法律顾问或者在重大交易中邀请律师介入提供服务。另外，企业公司上市、企业改制、并购重组、重大资产处置等大型业务不断涌现，由于这些业务的复杂性和综合性，

其对律师的专业性提出了更高的要求，当然也意味着更高的律师服务收费标准。

据司法部网站公布信息，2013 年到 2019 年，我国非诉法律事务办理的数量不断增加，2019 年达到 133.6 万件，为 73 万多家党政机关、人民团体和企事业单位担任法律顾问。这一数据较上年同比有较为明显的提升。

2. 公益法律服务规模不断扩大

近年来，公益法律服务愈加受到律师们的青睐，2019 年，律师共提供各类公益法律服务 134.8 万多件，其中办理法律援助案件 90.4 万多件，参与接待和处理信访案件 25 万多件，律师调解 17.5 万多件，参与处置城管执法事件 1.7 万多件。律师为弱势群体提供免费法律服务 109.6 万多件，为 60 多万个村（居）担任法律顾问，建立村（居）法律顾问微信群 26 万多个。① 随着政府层面大力推动公益法律服务事业，律师事务所和律师自觉履行社会责任、积极参与公益法律服务，使得公益法律服务的领域不断拓宽、服务实效显著增强。很多律师为残疾人、农民工等特殊群体提供公益法律服务，或者担任村（居）法律顾问，

① 来源于司法部网站《2019 年度律师、基层法律服务工作统计分析》。

为城乡群众和基层群众性自治组织提供服务；也有些律师主动申请到边疆地区、欠发达地区和少数民族地区担任志愿律师；还有律师协助党政机关开展信访接待、涉法涉诉案件化解、重大突发案件处置、城市管理执法等工作。

3. 市场需求挖掘潜力巨大

（1）法律服务水平有待提升。尽管我国的法律服务市场已经形成并具有了一定规模，但是和发达国家相比，我国法律服务市场整体水平还是显得偏低，法律服务的收费水平也没有达到全球平均水平。根据汤森路透（Thomson Reuters）和法律行业研究机构 Acritas 联合发布的《2019 中国法律市场现状》（2019 *State of the Legal Market in China*）数据显示，中国企业的法务部门在法律事务上的花费和付给律所的每小时资费都有显著增长，但平均花费仍然比世界平均水平少了三分之一左右，中国的大多数法律服务都是在 AFA 模式（Alternative Fee Arrangement）下进行计费的，按小时计费制的使用比例仅为 45%。而在美国，按小时计费制是最主要的计费模式，大约有 90% 的时间都是用这种方式来计费的。

（2）法律服务市场需求更大。随着"一带一路"战略的提出，经济建设投入逐步增加，对外交往愈加频繁，对法律服务的需要也迅速增加，法律服务市场日益扩大，需要律师提供更全面、更专业的法律服务。

（3）法律服务市场竞争加剧。这几年尽管我国的经济增速较快，但世界整体经济形势仍然不容乐观，尤其是2020年新冠肺炎疫情暴发后，全世界经济承压，中国经济一枝独秀，但是国内企业的法律服务市场并没有太大的扩张，国内现有法律服务市场仍然有限。另外，律师队伍逐年扩大，从业人员不断增加；德勤、普华永道等四大国际会计师事务所扩充原有业务范围持续招揽法律服务人员，将法律服务作为其子业务板块，为企业提供全方位的咨询服务，这必将导致一部分律所的非诉业务被挤占；一些法律科技公司和合同生命周期管理软件提供商通过大数据系统进军传统法律顾问领域。这些都将导致律师和律师事务所的传统法律服务市场被缩减，竞争更加激烈。

4. 非诉讼法律服务市场出现两极分化、二八效应显现

企业融资、并购等非诉讼法律服务需求旺盛，但市场趋利避害的避险情结愈加明显，资金、资源、行业集中度等较快地向头部企业聚拢，故非诉讼法律服务80%的产值将可能集中到 20% 的法律服务业务项下。

　　由于我国大力推动依法治国，因此产生的诉讼数量及种类不断增多。2013 ~ 2018 年，我国诉讼案件数量呈现逐年增长态势，其年均复合增长率达到了 15%。与此同时，诉讼案件不断增多，使得市场对法律服务需求不断增长，传统的以政府为主导的解决纠纷的方式已经无法满足市场需求，这给商业化法律服务带来了巨大成长空间。在此背景下，我国法律服务行业取得了长足发展与进步。

　　尽管我国法律服务行业与其他一些国家相比仍存在较大差距。但法治中国乃是大势所趋，法律服务需求将与日俱增。

三、青年律师为什么缺少案源

对于大部分律师而言，案源是其能在律师行业存活下来的基础，没有案源就没有收入，就无法为律所创造价值，更不能实现自身的价值。曾有人说，在社会分工如此细化的今天，青年律师可以协助有案源的律师提供专业服务，而不需要自己去开拓案源。这种现象在有些国际大所确实存在，但是这些国际大所对授薪律师的专业和年龄要求很高，一旦有了合适的可替代青年律师，就会把原来的授薪律师解雇。一个青年律师如果把律师作为永久的职业，想要长期从事的话，一定要有自己独立的案源，而不是令自己的命脉控制在别人手里。

案源，对于每一个新入行的青年律师来说，都是关系到能否生存和继续做律师的头等问题。在开始执业的前几年，一些优秀的青年律师往往因为缺少案源而不得不转做公司法务或者其他管理类工作，这导致人才流失。

从当下来看，青年律师缺少案源的原因有以下几个方面：

（一）青年律师的知识运用能力相对薄弱

一般而言，青年律师大多是刚出校门，通过法律职业资格考试后，又经过一年实习，刚拿到律师工作证的律师群体。由于大学校园的课程教学体系基本上是法学纯理论教学，讲解知识点和法条，即使有个别案例分析也是经过处理后的简单案例，与律师执业后所面对的真实案件相差较大。

青年律师尽管掌握了大量的法律专业理论知识，但是在工作中，处理具体案件时需要的是把已掌握的法律知识转化为解决当事人委托的法律事务的能力，即运用专业的法律知识解决千变万化具体问题的能力。从掌握知识升华到运用知识是一个辛苦的实践过程，不仅要求青年律师勤奋好学，而且还需要他们有坚强的意志和持之以恒的态度，反复学习、反复运用、反复揣摩、反复总结，才能掌握运用法律知识的能力，更好地解决委托人的法律问题，赢得委托人的信任。

（二）青年律师往往缺少长远的职业规划

制定职业规划问题关系到律师生涯的成败，错误的职业规划会使律师迷失方向，丢掉市场，失去客户。律师应学会制定职业规划。

律师要制定职业规划，需要有长远的眼光和超前的思维，律师需要科学地规划自己的职业和未来，准确定位自己的专业和目标。律师如果做不好职业规划，只会到处碰壁。

但是，许多青年律师刚到律师事务所工作的时候都意气风发、志存高远。有些不甘于过朝九晚五的生活，只拿一份保障基本生活的工资，而是想着赚大钱；有些受影视作品的影响，看到身着律师服、手拿公文包、法庭上慷慨激昂的律师形象非常高大，十分羡慕；也有的想要行侠仗义、扶助弱者，想要维护社会的公平和正义，体现人生的价值；等等。而有些青年律师在进入律师事务所工作一段时间后，面对有限的收入、稀缺的案源、繁重的工作、枯燥的生活，会踌躇彷徨，找不到方向，甚至走了弯路，退出律师行业。青年律师如果仅有宏大目标，而没有清晰明确、切实可行的长远职业规划，最终几年下来，除了年龄增长，其他方面几乎只会是原地踏步。

青年律师在执业之初，需要有一个正确的职业规划，它可以帮助青年律师更好地认识自己，了解自己的优势和劣势，充分发挥自己的潜力，规划职业生涯，最终走向成功。

（三）法律服务市场竞争日趋激烈

随着律师队伍的逐年扩大，从业人员的高学历化，律师间的同业竞争也日趋激烈，尤其是在传统法律服务领域，很多市场都被大律师和大律师事务所占领，小律师或者小律师事务所的生存空间十分有限。国内的律师行业存在这样的"二八定律"：约20%的律师或律师事务所占有了近80%的律师业务收入（或案源）。"北上广"的律师占全国律师总人数的20%左右，但这三地的律师收入约占全国律师收入的80%。另外，就单个地域而言，20%的律师和律师事务所占据了当地约80%的业务收入，20%的业务量被其余80%的律师和律师事务所竞争，而这个由80%

的律师和律师事务所竞争的市场通常是传统法律服务业务。而青年律师独立开拓的案源往往集中在常规的民事诉讼、法律顾问业务，所以案源开拓比较困难，竞争异常激烈。

（四）年轻律师知名度低，经验少

由于法律服务工作具有被动性的特点，也就是说只有当事人遇到法律问题的时候，才会想到请律师，才会有法律服务需求。而律师处于被动地位，很难预测会遇到什么样的当事人，会有什么法律问题。然而遇到当事人找上门，要求律师解决问题的时候，律师才会发现当事人需要解决的法律问题是自己不熟悉的，没有能力解决的。如遇到刑事辩护案件，而且是重大贪污受贿案件，接待的律师如果只办过一些民商事案件，对于这样的案子是无力独立承接的，只能与他人合作或者转给他人。即便有的律师能办刑案，但如果从未接触过经济犯罪案的辩护，更没有办理过如此重大的贪污案，在涉及罪与非罪的界限、具体数额如何认定时，律师根本说不到位，无法解决好客户的问题。

（五）青年律师的社会圈子相对狭窄

青年律师刚刚走出校门不久，除了个别家庭背景极好的外，基本处于社会打拼的最底层，即使是进了很好的律所，但在律所内部，也都是"菜鸟"级别，社会交往的圈子通常局限于原有的同学、同年代的朋友、昔日的恩师等。同学、朋友等基本为同龄人，大家也都是刚出校门不久，在单位级别较低，没有话语权，很难提供大的案源。

（六）青年律师的社会交往经验较为稚嫩

青年律师刚步入社会不久，社会交往能力相对较为稚嫩，即使有些在学校期间参加各种学校社团活动，叱咤校园之内，但象牙塔毕竟和纷繁复杂的社会还是有区别的。很多刚踏入律师行业的青年律师，脸皮较薄，不知道如何宣传、推销自己，甚至有很多从业多年的老律师也只是埋头做案子，而不懂得营销自己。

四、如何做好律师职业发展规划

一个企业要有长远的战略规划才能走得更远。作为个人，也是如此。青年律师初入社会，人生阅历尚浅，要想在激烈的市场竞争环境下不被淘汰、脱颖而出，除了要有一系列优秀的个人品质，比如坚韧的意志、好学的精神等，还需要在执业之初给自己制定一个清晰明确的职业规划。

1. 职业规划的起点是"认识自己"

"知己知彼，百战不殆"，青年律师可以静下心来审视自己的内心世界：我为什么要做律师，是为了维护社会正义、扶助弱势群体，还是因为羡慕律师衣着光鲜、名车豪宅的生活？我是否真的喜欢律师这份职业，把它作为毕生的事业去追求？兴趣是最好的老师，只有真正对律师行业感兴趣，对律师行业有着崇高的事业目标和人生理想的人，才能在律师的执业之路上坚定地走下去，才不会在走的过程中迷失自我。

青年律师还要学会评判自己身上的优势和劣势，即判断自己是否适合做律师。要分析自己目前具有哪些优势和劣势，有些优势需要继续保持并发扬光大，有些优势如果是潜在的，可以通过一些方式进行挖掘开发；有些劣势如果是自己可以改变的，通过各种渠道来慢慢提升和实现蜕变，有些劣势如果一时难以改变，那就尽量避开。

2. 青年律师要做好职业发展的十年规划

律师行业属于典型的厚积薄发的行业。完成法学教育，通过法律职业资格考试，取得律师执业证只是第一步。一般而言，律师执业的前五年是奠定基础的阶段，也是比较难熬的五年，这段时间需要完成从学生到职业律师角色的转换，案源少、收入低、学习强度大，是每个青年律师都会经历的。经过五年的努力和奋斗后，律师对这个行业有了一定的认识，也基本上掌握了业务规范和业务技能，积累了一定的人脉资源，也逐渐获得客户的认可。在执业五到十年的这段时间里，律师对自己的职业方向需要有一个专业化定位，尽量不做"万金油"律师，而是深耕于某一法律服务领域，对其有深度的研究，做到术业有专攻，侧重于某一方面业务。在可能的情况下，律师还可以有选择地参与团队的领导和培训，适当参与律师事务所的管理，积极参加社会活动，承担社会责任。

3. 青年律师一定要有法律信仰和职业素养

一位哲人曾说过，有信仰的法律是良言，无信仰的法律是狂言。信仰，是一个人对某种理论、学说、主义的信服和尊崇，是一个人行为处事的态度和准则，是人生观、事业观、价值观的体现。律师固然要挣钱谋生，但更要有匡扶正义的情怀，用我们的专业知识和技能竭尽全力为当事人争取合法利益。青年律师刚刚步入律师行业，更容易受某些不良风气的影响，以利益为导向，甚至为了承接业务，低价恶性竞争，扰乱正常法律服务市场秩序。青年律师一定要树立崇高的法律信仰，培养良好的职业素养，扎扎实实学好知识，踏踏实实掌握技能，用过硬的专业知识合理合法地为当事人争取最大利益。

4. 选择一个有名气的大所，接受规范、系统的素质训练

有些青年律师在开始实习或执业的时候，往往会首选一些大的知名的律所。根据我们的经验观察，这其实是很有必要的。一般大的律师事务所管理制度比较健全，运行比较规范，对律师的行为规范要求也比较严格。对于承接案子的流程、报销的财务制度等，无论你是大律师合伙人还是实习律师助理，都需要按照制度流程进行操作。对于青年律师而言，刚刚步入律师这个圈子时，其本质上就是一张白纸，经过大律所严格的规范化训练后，青年律师在以后成长的过程中会更注重按照规范的程序严谨办案，而不是随意突破、率性而为。这种训练有素的严谨态度也会给当事人留下很好的印象。另外，一般而言，大律所可以给青年律师提供更好的发展平台。在客户眼里能够进大律所的律师都是具备一定实力的，基于大律所的知名度和社会影响力，青年律师的大律师所执业经历就是未来执业中很好的活广告。

青年律师在刚进入大律所时，有几点要多加注意。

第一，要放低心态，不要期望大律所能给自己多高的薪资。很多实习律师在大律所都没有实习工资，有些即使有，也可能会比同行低很多。要想进大所的实习律师很多，竞争者趋之若鹜，所以大所根本不用花太大的代价去招聘实习律师。大所不是青年律师挣大钱的地方，而是一个让自己快速成长的训练场。

第二，要勤奋学习，进入大所本身是一个难得的学习机会，而只有勤奋才能够让你在最短的时间里学习到最多的本领。给大所的老律师们当助理律师时，一定要勤奋敬业、任劳任怨。比如，每天尽量第一个到办公室，最晚一个离开办公室，离开的时候让一切都井井有条。老律师们吩咐做证据调查，一定要老老实实、认认真真地去调取证据，而不是敷衍应付。每一个老律师都是过来人，你有没有尽心去调查，他们能洞悉一切。再如，一个案件结束后，对于整理卷宗这样的工作，老律师一般会交给实习律师来做，有些实习律师工作了几个月就是反反复复整理卷宗，心里非常不乐意，之后就敷衍了事，认为工作没有价值。其实不然，这是老律师在考验你的办事能力和工作细致程度。我们前面说过，律师的工作需要高度的细致，如果你连卷宗都整理不好，直接交给你一个案件，你怎么可能做到细致呢？其实通过整理卷宗，青年律师可以了解各类案件的全过程，如果你再细心一点，多动脑筋，可以就案件中的问题向老律师提问请教，这样对你的进步有很大的帮助，老律师也会对你报以欣赏的眼光。

第三，要有智慧，律师不仅要有扎实的专业知识，更要有处理人际关系与事物的大智慧。律师和法官、检察官、公安干警不一样，后者是公务员，拥有的是公权力所带来的天生信服力，而律师则不同。律师不仅要维护当事人的合法权益，更要以最低的代价维护当事人的合法利益，这需要一种权衡，来寻找对当事人利益最适合的切入点。另外，律师还需要说服当事人，需要与法官沟通案件，与人沟通和相处也是需要智慧的，有些人一开口，就受人喜欢，有些人一开口，好事都会变成坏事。

律师开拓案源的必备技能

第二章 PART TWO

一、获取客户信任

律师开展工作的前提是得到当事人的委托，而当事人委托的前提是信任该律师。如果律师没能获取当事人的充分信任，委托关系就无法形成，律师的法律服务工作也就无法开展。或者即使律师最初通过各种方式获取了委托人的信任，签订了委托合同，但在委托过程中，一旦出现信任危机，现有的委托关系也可能会终止。因此，如何获取客户信任并保持这种信任对律师开展业务非常重要。

青年律师要学会对来找你谈委托业务的客户进行分类，不同的客户基于对你的了解程度不一样，其最原始的信任程度也是不一样的。第一类客户是通过亲朋好友或者关系比较好的老熟人"牵线搭桥"介绍来的。这些当事人可能与你未曾谋面，但基于对介绍人的信任和介绍人所做的关于你的业绩介绍，这类当事人对你的前期印象较好，因为有初步信任和认可，他们会愿意花时间来找你咨询和面谈。对于这类客户，我们要获取他们的信任相对容易些。第二类客户是你的老顾客。以前你们就曾有过委托关系，基于之前彼此之间愉快的合作，当他们再次遇到法律问题时，就会毫不犹豫地再次来找你，要获取这类客户的信任，基本上没什么大问题。第三类客户是通过律师平常的营销渠道认识你的客户。比如通过电视节目、抖音平台、微博、微信公众号等方式认识你，然后慕名而来找到你，这样的客户我们需要通过一定方式展示自己，加深他们对你的信任，从而获得案源。第四类客户基本属于偶然性的客户。比如当事人到律所来咨询，通过咨询来观察律师，这类客户的信任度极低，一般客户会到多个律所咨询多个律师。

对于上述不同信任程度的当事人，我们要用不同的方法去获取和加强对方对我们的信任，具体方法一般有以下几种：

（一）注意约谈的环境

我们在约谈当事人时，要尽可能地选择律师事务所的办公室或者洽谈室，通过展示律师事务所干净整洁的办公环境，让当事人对律所、对律师有一个良好的印象。另外，与当事人约在律所办公场所会谈，是我们在办公室等当事人，当事人赴约而来，这样，对于青年律师而言，在自己熟悉的工作环境接待当事人更显得从容和镇定，以良好的心态来面对和接待当事人可以更好地展示自己的能力。

（二）注意自己的衣着和仪表

国外有一句俗语，"你就是你所穿的"，律师的衣着仪表体现了他的身份、气质和个人素养。试想，当一个当事人第一次见律师时，看到的是一个衣着邋遢、不修边幅的人，律师在当事人心中的形象就会大打折扣。即使在后面的交谈中，该律师展现了很高的业务水平，但在当事人心中的印象也会很不好，当事人也很难说服自己委托这样的律师做自己的案子，也很难相信这样的律师能够做好自己的案子。

（三）利用成功案例宣传自己

青年律师利用成功案例宣传自己，也可以强化信心。律师的宣传资料中都有明显篇幅介绍律师事务所的典型客户和成功案例，青年律师应该积极地参与和借助律师事务所的成功案例，提升自己的形象，消除客户的疑虑，赢得客户的信任。在借用成功案例时，所选择借用的案例应尽量是自己熟悉的或者参与过的，而不只是泛泛了解客户名称，应该详尽熟悉客户的资料，包括公司背景、法律服务需求情况、联系部门、相关人员、联络电话及其他说明；熟悉案件处理的细节情况、争议焦点、处理的关键点、解决方案等。

（四）以当事人为中心

营销界常用的一句口号是"顾客是上帝"，对于律师而言，就是一切服务以当事人为中心。从某种角度来说，当事人是我们律师的衣食父母，是我们收入的来源。在合理合法的范围内，为当事人服务好，把当事人交办的事情处理好，是对一名合格律师的基本要求。

律师受人之托，就应忠人之事，而不是做表面文章、拍胸脯、说大话。律师不能因为案情简单、标的额小，就对案件敷衍了事、掉以轻心。律师要想客户之所想、急客户之所急，站在客户的角度想问题、办实事。

近年来，客户投诉甚至起诉律师的事情时有发生，这种事情严重伤害了委托双方的感情，甚至损害了律师的声誉和信誉。我们不可否认，有些客户投诉是源于对我们的误解，但是，有些客户的投诉甚至起诉并不是完全没有道理的。其中，大多数投诉是反映律师不尽职尽责、漠视客户的利益和需求、未与客户及时沟通。"有则改之，无则加勉"，律师应从自身找问题，而不能一味地苛求客户。

客户既然有求于我们，我们就应该利用自己的专业，及时调查取证，查明事实真相，为客户规避风险、争取利益。从接待当事人开始，我们就要本着为当事人负责的态度，为他剖析案情、分析利弊，让当事人感受到你最真诚的心。如果接受了委托，我们就应该认真准备、仔细考量，用自己的智慧和专业技能全力以赴办好案件，解决当事人的难题。客户既然将案子托付于我们，就是对我们最大的信任，我们就应该尽心尽力，竭尽所能，认真完成客户交办的法律事务。律师还应当经常和客户保持沟通，及时向客户跟进案情的进展。不要让客户雾里看花，也不要让客户找不到我们。

律师作为法律人，必须严格遵守《律师法》和《律师职业道德和执业纪律规范》；律师作为法律服务提供者，应转变观念、换位思考，以客户为中心，为客户提供专业的、便捷的、适当的法律服务。

律师应全心全意为当事人服务，同时，也要让当事人感受到我们在以他们为中心服务，让当事人感受到我们为其付出的真心和工作的价值。

（五）让客户感觉你很诚实

"金无足赤，人无完人"，尽管律师在当事人面前需要展示自己的超能，但是这种超能不是万能。如果刻意在当事人面前扮演无所不能的"救世主"角色，掩饰自己的弱项或不足，包揽客户所有的需求和建议，虽然一时半会儿能赢得客户的尊重和信赖，但是随着时间推移，你的不足总是会呈现给客户。所以律师面对客户时应尽量坦诚一些，诚实一点，尤其是当我们详尽阐述自身优势后，不要单方面地给客户下结论，而是建议他们多方面地去了解其他信息，并向客户强调相信客户经过客观评价后会做出正确的选择。这样的沟通方式能让客户感觉到你的真诚而不是虚假，客户能充分感受到你对他的尊重，体会到我们所做的一切能够帮助他了解更多的信息，并能自主做出决策。从而让我们有机会和客户拥有更多的沟通机会，最终建立紧密和信任的关系。

（六）交谈要克服不良习惯

1. 不用批评态度对待客户

青年律师，尤其是刚刚开始执业的新律师，有时候面对当事人时，说话不经过大脑思考，一些批评性的话语脱口而出，会让当事人觉得不太舒服，甚至会不小心伤害到当事人的情感。"祸从口出"，青年律师一不留神说出去的话，就可能会让一个潜在客户白白流失。而且青年律师很有可能在当时并不会意识到这个问题，这在初入职场时需特别注意。

2. 尽量不要用太多的专业性术语

法律是一门严谨而专业的学科，在案件处理的过程中，会涉及很多专业性法律问题，但是青年律师在初次接待客户时，要尽量少用专业性术语，切记不要为了显示自己专业而故作高深，这样只会让客户云里雾里，无法理解你说的意思，甚至产生反感的情绪。高明的律师一般会把复杂案件解释得通俗易懂，让客户能听懂你说的意思，那样他才能觉得你很厉害。

3. 不要与客户争强

青年律师通常执业时间不长，在与客户沟通的过程中往往缺乏谈话的艺术，难免会与客户产生分歧，发生争论，甚至有时会起争执，而忘记了自己的身份。律师在有些问题上不一定比客户懂得多，为了显示自己的能力而与客户争执是很不理性、不明智的。即使律师争赢了，占了上风，逞一时之快，但争执完了，客户心理不愉快，另找其他律师委托，律师的业务就流失了。

4. 避免夸夸其谈

青年律师在接案子的时候，诚然需要展示自己的实力让客户了解你的水平，但是这种展示绝不是夸夸其谈，过分夸耀自己。我们在带实习律师的过程中发现，有些实习律师在被安排接待客户咨询时，过分夸大自己承办案件的能力，但是在后续处理案件的过程中，能力却匹配不上。客户逐渐发现自己的代理律师对于承接案件时所说的很多承诺都无法兑现，失望之至，可能会取消委托，甚至投诉到相关部门，因此而产生纠纷。

5. 少谈甚至避谈客户的隐私

没有人愿意把自己的隐私告诉别人，除非万不得已。律师基于案件的需要，比如一些离婚案件，必须知悉客户隐私的，可以向客户进行询问，如果不是案件所必须了解的隐私，能不问就不问，能少知道就少知道，而不是大谈特谈。涉及隐私话题会让客户很反感。

6. 不要用过激或歧视性的语言

一些青年律师在承接案件的过程中，为了表明自己和当事人站在同一战线上，而对案件的对方当事人口诛笔伐，使用一些过激或者带有歧视性的语言，这有损律师的形象，也会让客户觉得你缺乏修养，对你的个人形象大打折扣，这对案源的开拓百害而无一益。

7. 学会变通

对于一些枯燥的纯法律专业话题，当你不得不为客户讲解时，可以换一种角度，利用讲故事的方式轻松、幽默地讲解，也许这样的效果会更佳。总之，对于枯燥无味的专业问题，客户又没有刨根问底，那你最好是能保留就保留起来，这有时比和盘托出更高明一筹。

（七）合理定价收费

律师收费谈判的一条黄金法则是，律师报价的开价一定要高于实际想要的价格，给自己留下谈判的空间。

律师收费谈判通常由四个主要因素组成：你的报价和对方的还价，你的底牌与对方的底牌。报价和还价随着谈判的深入会逐渐清晰，而在整个谈判过程中，双方都会揣摩、推测、试探对方的底牌。律师收费谈判是心理、智慧、技巧的综合较量，所以无论出现何种情况都不要轻易亮出你的底价。

律师通过运用开价一定要高于实际价格的原则，在谈判的开局可以起到压缩对方谈判空间的作用。当然，报价一定要维持在合理的范围之内，较高的报价需要有令人信服的理由支持，要让客户知道有所值。

　　大多数青年律师刚开始独立承接的案件一般都是一些小案件，而小案件的当事人会更在意律师费的收费金额。如果律师收费过高，当事人可能会在多个律师的报价和专业能力上进行反复权衡，有些甚至可能因为收费问题而最终选择自己出庭参与诉讼或放弃诉讼。如果收费过低，则不仅律师的时间成本得不到补偿，还易给其他律师同行造成恶意竞争的不良形象。

　　青年律师应当按照规定的收费标准，在充分考虑案件的影响面、难易程度、当事人的可接受程度、本人的时间成本等的基础上合理定价，收取律师费。在有些情况下，青年律师还可以考虑采用风险代理，即采用低基础收费加一定比例风险提成的收费方式。

　　获取当事人的信任，是很多律师一直在认真探索和不断追求的目标。作为青年律师，在起步阶段，我们只能用自己至诚的心、认真的态度、敬业的精神、高性价比的服务来打动你的当事人，赢得他们的信任和赞赏。

二、学会倾听客户谈话

"知己知彼，百战不殆。"律师要想让客户信任你，把财产、自由甚至是生命托付给你，首先就要学会倾听客户的声音。

一个案源不断的优秀律师应该首先是一个好的听众，其次才是一位出色的演说家。用心倾听是良好沟通的开始，也是一个人应当具备的美德，它会让客户感受到你对他的尊重。

在与客户谈话、倾听客户需求的过程中，我们需要掌握以下技巧：

1. 端正倾听的态度

对律师而言，时间就是金钱。而一些客户在讲述案情时很可能谈话不着边际，讲不到重点，或者一直诉说着与案情基本无关的事情，如他经历的委屈、痛苦，这会令很多青年律师不耐烦，毕竟手里还有一堆事情要处理，还有一堆工作在等着。这个时候，青年律师一定要控制好自己的情绪，用认真、真诚、专注的态度继续倾听客户的述说，也可以尽量与客户保持目光接触，看着对方的眼睛，还可以身体稍微前倾，适时点头表达我们理解其表述，这些都能够向客户传达出我们在认真和耐心地倾听他讲话，客户也会觉得律师在尊重他、关心他，而不是厌烦和他谈话。

2. 注意捕捉有用的信息

律师的时间是有限的，我们在倾听的过程中，要注意捕捉客户言辞间有用的信息，如案件属于什么法律问题、涉及什么法律关系、当事人的期望值等。比如，客户讲到被公安叫去做询问笔录，你应当马上就捕捉到这可能是一个刑事案件或行政案件，如果是刑事案件，你可能还能捕捉到是在公安侦查阶段还是在检察院起诉阶段，或是在法院审理阶段。如果我们捕捉的信息差不多了，客户还在洋洋洒洒表述时，我们就可以适时礼貌地打断他讲话，表明客户的表述已经非常清楚详尽，我们确实已经了解了案件的基本情况。在细节捕捉过程中一定要细心，如果客户已经述说过了，但你没有注意到，然后又在后面向他提问，就会让客户怀疑你的态度和你的专业性。

3. 判断客户的情绪

倾听是考验律师能力的一种方式。有经验的律师通过客户谈话的语气、节奏和语调等，就能够判断和分析出客户的性格、情绪，对案件的看法及其隐藏的潜台词。针对不同性格类型的客户，我们在沟通中要有针对性地用不同的方式来谈话。如果律师和客户的谈话很愉快，彼此很合拍，就会增强客户对律师的认同感，更容易达成委托关系。

三、学会向客户提问

　　向客户提问是律师以巧妙而自然的方式获得必要信息、洞察当事人内心的一种有效手段。案源比较多的律师一般都是向客户提问的高手。刚刚从事律师行业时，我们曾认真观察了前辈们是如何将这种提问发挥得淋漓尽致，并取得了非常好的效果。后来自己慢慢揣摩、思考，总结经验，并尝试运用这种沟通方式，发现这一方式可以有效地发掘客户的需求，然后能针对客户的需求提供适合的法律解决方案，留住客户。

　　作为律师，我们会发现大部分的当事人会有选择地向我们讲述他的案件，这不是他们故意隐瞒案情，而是他们按照自己所处的位置和立场对案件的情况做了筛选和判断，这会导致传递给律师的信息不完整或者信息存在错误引导；而有些当事人可能情绪比较激动，反复纠缠于他自己的心情，对于案件的描述未能提供有用信息，白白浪费了律师的时间。这时，我们有必要在耐心聆听的基础上，适时阻止当事人的讲述，而通过有针对性的提问来获取信息。

1. 从客户现状出发，提问与案件相关的基本法律要素问题

如案件缘由、双方当事人、争议内容、产生争议的原因、现有书面材料等。通过该项提问，有助于我们判断当事人需要我们帮助的问题是否为法律问题。如果不是法律问题，就没必要浪费时间，直接告诉当事人"这不是法律问题，需要到哪些部门、找哪些人来解决"，给他指出一条解决途径。如果是法律问题，我们需要进一步提问。

2. 从客户的目标出发，提问了解他所期望达到的结果是什么

根据律师前面与客户的谈话，初步判断当事人的期望值是否能够实现，如果期望值过高，超过了律师个人的胜

任能力，我们在承接案件时就需要慎重考虑。

3. 如果该案件在可承接范围内，提问案件涉及的法律问题的细节、要素、关键问题

比如担保合同履行纠纷案件中：主合同是否有效，担保合同是否有效，合同约定是一般担保还是连带担保，履行期是否届满，诉讼时效是否超过，当事人是否已采取相应法律手段等。

4. 提问了解当事人对案件的心理障碍

比如离婚案件中，当事人之间的感情已经符合法律规定的破裂条件，当事人想离婚，心中又有些不舍，要考虑到当事人是否会因为离婚后财产分割无法达到期望值而犹豫不决。在行政诉讼案件中，一些当事人既害怕因为诉讼而得罪政府部门，又不甘心接受自己的利益被行政行为侵害的结果，虽然找律师寻求帮助以维护自身利益，但往往意志摇摆不定，这时就要了解当事人内心最真实的想法，这样才能帮助当事人切实解决他的问题。

5. 提问了解当事人的经济状况

律师是通过提供法律服务、为客户排忧解难来获得报酬的。通过与客户谈话，我们判断出该案件可以承接并且有胜算的把握，这时如果与客户就律师费问题谈不妥，那就前功尽弃了。如果律师的报价太高，超乎客户的心理承受能力，委托合同还是无法签订；如果律师的报价太低，客户会轻视你，认为你只是夸夸其谈，专业能力不到位，也无法真正解决好他的问题。这就像我们去买一件衣服，尽管质量很好，但如果标价太低，总会让人怀疑其是否来源不正或隐藏质量缺陷。律师通过巧妙设计好问题，了解客户的经济能力，合理报价，既使得当事人能够接受你的报价，又能体现律师自身的价值。

四、认真回答客户的问题

　　律师在接待客户时，除了用心倾听、技术性提问外，大部分客户都会向律师提出很多的问题，这些问题恰恰折射出客户内心的困惑、不解和他关心的核心问题。回答好客户的提问，也是我们能否顺利承接案件、签下委托合同的关键环节。如果前面倾听、提问等接待工作都谈得很愉快，但是在回答客户问题时应对不好，就会功亏一篑。

　　针对客户的提问，我们需要注意以下几个方面：

1. 恰当运用法律条文

　　在回答客户的法律问题时，要尽可能把与案件相关的法律法规的出处及内容一字不差地背出来，然后再以通俗易懂的语言向客户解释与本案相关条文的具体含义并帮助客户更好地理解。你的这一阵势会在某种程度上震慑住客户，给他留下极深刻的印象，让他相信你很专业。

2. 回答问题要清晰、明确、精短

时间就是金钱，律师在回答客户提问时，不要拖拉、含混不清，也不要洋洋洒洒、长篇大论。律师要抓住客户想要了解的问题的关键，用清晰而精短的语言明确表述你的见解，让客户觉得你雷厉风行、精明能干，这样客户才会放心把案子托付给你。试想，有哪个客户愿意把自己的案子交给语言表述不清、言之无物的律师？客户心里只会嘀咕，这样的律师在法庭上能说服法官、使案件胜诉吗？

3. 绕开难以准确回答的问题

客户在提问时，有时会问到一些青年律师难以回答的问题，比如这类案件你以前做过哪些？经典案例的经验恰恰是青年律师所缺乏的，而客户提这个问题主要就是想考察律师的经验。有时，客户还会问，你和某法官关系怎么样？这个案子你有胜算的把握吗？对于这些问题，我们可以想法绕开，先是模糊回答，然后通过反提问的方式引开

客户的注意力，引导客户关注案子本身的法律问题。如当客户问及你是否有类似案件的经验时，你可以把实习时指导老师的案例、其他律师分享的类似案件、裁判文书网站上看到的类似经典案例等这些了解、学习过的知识快速整理，再有选择地回答客户。谈及和主审法官关系问题时，可以模糊回答，因为每个律师基本上都能和法官保持正常业务沟通，法官也很乐意与律师探讨案件技术问题。

4. 适当突出客户遇到的问题

当客户找到律师咨询的时候，说明他已经意识到问题的严重性，但不是所有的客户都能在咨询后立马做决定委托律师代理案件。这时，我们可以通过回答客户的提问，把问题突出一些，提醒他们，引起他们的紧迫感，激发其解决问题的危机意识，使其明白再不解决后果将更严重。比如，有一起诈骗罪刑案，当事人作为从犯已经被取保候审，案件已经侦查结束到了检察院起诉阶段了，客户一方面担心自己会被定罪量刑，另一方面又抱有侥幸心理，心想也许自己不被起诉呢，因为自己不是案件主谋。他抱着这样的心态来咨询的时候，我们明确地把案件的严重性告诉了他，开始谈话时他还很镇定，后来就明显坐立不安。

所谓适当突出客户遇到的问题，不是任意夸大问题吓唬客户，而是要将问题提示出来，让客户真实地感觉到问题所在，以免麻痹大意，造成不必要的损失。

5. 把握提问的主导地位

客户对法律问题的专业性远远不如律师，他所提的问题都是他不知道的，但不是所有的问题都与解决案件有关。有些问题是客户自以为是地认为与案件有关，仅仅是他想知道的，但事实上与法律毫无关系。在这样的提问中，律师需要掌握提问的主导地位，而不是被当事人牵着鼻子走，这样可以避免浪费时间，也可以避免遇到一些我们难以回答的问题。

五、正确应对客户的讨价还价和合理报价

在律师与客户就律师费进行磋商的过程中，双方出现僵持，基本上是因为律师费收不够和收不到这两个问题。收不够是指律师本可能收到更多的代理费，但由于自己报价偏低而没有收够，因而在后续案件处理中出现消极心理；收不到是指律师报价过高，当事人没有能力支付或者不愿意支付，导致律师失去案源。

为避免这些情况出现，青年律师在报价时不仅要考虑委托人的支付能力，也要考虑委托人的支付意愿。

委托人的支付意愿是影响律师费报价的一个很重要因素。不同的客户，对案件的期望值不一样，对律师的信任度也不一样，其对法律风险的承受能力也不一样。有些人

认可律师的价值，会不惜一切代价请律师，而有些人则会嫌律师收费太贵，能省则省，能少则少。

同时，影响委托人支付意愿的另一个重要因素就是承接案件的主办律师的社会知名度和影响力。在委托人的眼里，这已经是一条约定俗成的规矩：大律师、名律师的律师费要贵一些，小律师、不知名律师的律师费要低一些。就像明星按照知名度被支付片酬和出场费一样，委托人对于青年律师律师费的期望值一般比大律师、知名律师要低。因此，青年律师在报价时要结合自身的地位和声望，过分低估和高估都不合适。

对于律师而言，对某一委托事项的收费还要看其为该事项投入的工作时间和耗费的精力。因此律师在对律师费进行报价时，首先应对拟承接事项可能需要耗费的工作量进行初步评估，再根据前面判断出的当事人的支付能力和可接受的价格，衡量双方就律师费期望值的差距是否能够协商、当事人拟支付的律师费是否值得我们投入时间和精力，最终确定一个自己能够接受的价格范围。

一般来说，委托人越是通情达理、容易沟通，越有经济能力，后期在案件代理的过程中，双方合作会进行得更顺利，彼此之间的合作也会很愉快；相反，当事人越是难以沟通交流，在律师费的支付上就越是斤斤计较，双方在后期的交流中更容易出现各种各样的问题，对案件的解决反而不利。

律师在与客户会谈的时候，经过几番交谈，客户对律师的各方面比较认可，当大家即将进入实质性委托，办理委托手续、签订委托合同时，有一些客户还会就律师费金额和律师做最后的讨价还价，有些律师因为在这最后的商谈环节没有处理好，和客户谈得不太愉快，可能会导致前面所有努力白费。

面对客户就律师费的讨价还价，无论是绝不妥协、宁缺毋滥，还是委曲求全、降低身价，律师面对收费价格表现出来的强势和弱势主要还是取决于律师自身的经济能力、知名度和案源多寡等。试想，一个知名大律师，经济状况无忧，慕名来找他办案子的客户排长队等候，那么他一定会考虑时间成本，承接更高价值的案件，而不会浪费时间在与客户讨价还价上。而作为刚出道的青年律师，除了极个别衣食无忧的外，大部分是默默无闻的律师，每天在为生存而努力，独立承接的案源数量也十分有限，每个月的收入除了上交律师事务所所和各项开支外基本所剩无几。这个期间，如果有可能承接到案源，即使当事人比较难缠、费用压得比较低，大部分青年律师还是会咬咬牙承接了。

因此，面对客户的讨价还价，青年律师需要根据自己的实际情况来酌情处理，既不能一棍子打死，拒不接受客户的讨价还价，也不能过于忍气吞声，接受过低的律师费。

针对客户的讨价还价，我们可以告诉客户，律师费的收费标准是由相关主管部门明确规定的，我们是在文件规定的下限的基础上，根据谈话中了解的服务内容，综合考虑了委托事项的难易程度、需要付出的工作量、案件的紧迫程度、处理事务的路途远近、受托事务处理的风险大小、客户的经济承受能力、律师个人品牌等，来确定的律师费金额。律师收费要考虑以下因素。

（一）主管部门的收费规定

在我国，国家发改委和司法部曾联合制定和颁发了《律师服务收费管理办法》，该办法明确了律师提供法律服务收费实行政府指导价和市场调节价，其中"政府指导价的基准价浮动幅度由各省、自治区、直辖市人民政府价格主管部门会同同级司法行政部门制定。各省、自治区、直辖市司法厅和物价局依据国家发改委和司法部曾联合制定和颁发的《律师服务收费管理办法》，结合本省的实际经济情况和物价水平，制定了具体的明确各类法律服务的收费标准上限和下限，要求各律师在收费时遵守和执行，并对违反收费管理办法的行为规定了惩戒措施和法律责任。这些政府部门的收费文件，是青年律师在收取律师服务费时首先要考虑的基本依据，不得有任何的违规行为。我们也可以此文件告诉当事人，无论客户在当地哪家律所、向哪个律师寻求法律服务，都不可能脱离该收费红线的标准。甚至可以直接向当事人提问："如果哪家律师报价明显偏低，低于政府规定的标准价格，肯定是违规的，如果律师自身的行为都违规，还能合法合理保护当事人的利益吗？"

（二）需要付出的工作量

律师收费时会认真考虑其在该代理事务上所需要花费的时间、付出的工作量。律师的劳动力价值体现在其时间成本上，当承接了某个代理事务后，因为时间冲突就不能在同一时间内处理其他案件。因此，律师在对律师费进行报价时，就要告知当事人，根据对代理事务的了解情况和既往类似案件的经验判断，确定代理事务处理的流程、可能需要付出哪些劳动、会遇到哪些阻碍。比如，需要会见几次，会见时可能需要几次才会见到相关人员，取证中需要跑多少次才能调取到一个证据，以及与客户见面沟通的时间。

总之，我们要让客户知道在代理事项完成的过程中，占用了律师多少的时间，律师付出了多少，而不是让客户心里不平衡，觉得你就随便跑几下，说几句话，开个庭，就把问题解决了，认为你的律师费收得太容易。我们接待客户、研究案情、调查取证、联系法官、书写材料、参加开庭、庭后沟通等为客户所做的一切，都必须要让客户知道具体内容和花费的时间，要让客户知道在每一个委托事项里我们都尽力了，也付出了相应的劳动。

（三）案件的紧迫程度

律师拟承接事项的紧迫程度也会影响到律师的收费金额，越是紧迫的事项，收费就要相对高些。一方面，就客户而言，他需解决的法律事务越紧迫，他就没有太多的时间去反复斟酌比较、精挑细选律师，可能会在短期内通过各种渠道快速找到几个律师，然后综合考虑选定一个律师。另一方面，就律师而言，客户的事项越紧迫，我们就越需要牺牲自己的休息时间，加班加点处理案件，甚至可能要放下手里其他稍微不那么紧迫的案件来全力处理这个客户的案件。二十四小时全天候的服务必然会比一般案件收费高一些，客户通常也能理解。

（四）处理事务路途的远近

处理事务路途的远近也是一个应付客户讨价还价的合理理由。交通费用和差旅支出是律师费的一部分，路途越远，律师需要支付的交通差旅费越高。此外，律师出差时无论是自己驾车还是乘坐火车、飞机，旅途都需要占用律师的时间，而这个时间也是有时间成本的，因此旅途所占用时间的机会成本也要包含在律师费中，旅途越长，路途越远，占用时间越多，收费当然也就越高。

（五）受托事务处理的风险大小

不论是律师还是客户，都会比较看重胜诉率。对于一个律师而言，尽管我们自己知道，一味在乎和追求胜诉率是有悖于律师的良心和职业道德的，我们的目标是尽最大努力合理合法维护当事人的合法权益。胜诉率，在我们律师的实际办案中是很不靠谱的。有些案件我们从接受委托时就知道不可能胜诉，但为了维护当事人自身的权益，必须接受客户委托，尽最大可能去为他争取利益。比如，道路交通事故中保险公司委托的律师，胜诉不赔钱的可能性是极低的。但是，在大众眼里，在我们的客户眼里，胜诉率是衡量一个律师能力的指标。什么是好律师？凡是打赢官司多的律师就是好律师。于是，作为律师，我们有时候不得不将自己从业中的胜诉率、打赢过的经典案例作为宣传的一个方面。

基于社会公众对律师胜诉率的关注度和追捧度，律师不得不在承接案件时考虑承接事务的诉讼风险问题，且更青睐于承接比较有把握、风险相对较小、胜诉率较高的案件。对于风险较大、极可能败诉的案件，拒绝接受委托是不合职业道德的，那么我们可以明确告诉当事人案件情况，适当收取稍高点的律师费。

（六）客户的经济承受力

客户的经济承受力和律师费、客户喜不喜欢讨价还价没有必然的联系，客户经济承受力弱不代表他就不愿意支付律师费或者一定会和律师讨价还价，但是根据我们的经验，一些有钱的客户，如果我们报价低了，他反而会质疑律师的能力，认为律师报价低就意味着律师的每小时劳动力价值低，意味着该律师的能力水平也低。而有些客户，由于阅历和性格的原因，喜欢计较，对谁也不信任，如果我们报价太高，他会觉得虚高，反复花时间与你讨价还价。对于这样的客户，我们在充分估计自己的劳动时间后，如果有时间就接，没有时间就直接拒绝。律师若接受委托，可告诉当事人，这个价位已经是收费的最低价格，只是顺水人情帮忙做一下，如果要再降低价格，就无法承接了。

（七）律师事务所及律师个人的品牌

每一种产品都有自己的品牌，品牌决定了其价格高低。比如造型相似的一个女包，LV 的价格比地摊上的仿制品的价格高很多。这就是名牌的价值。根据人的消费心理，在产品或服务质量相同的情况下，消费者愿意为名牌支付更多的费用。同样原理，律师费中也包含了律师事务所及律师个人的品牌费用。比如你所在的律师事务所在当地很知名，你拥有名校毕业背景，你的学历比较高，你是网红律师，你在当地媒体多次接受采访，你发表了很多学术论文，等等，这些我们都可以在跟客户谈判的时候以合适的方式告诉他。这时，大部分客户就不会再继续跟你讨价还价了，而会认可你的服务价值。

客户认为你的律师费高不高，要不要讨价还价，怎么讨价还价，其关键点在于客户是否认同你拟提供法律服务的价值。如果客户经过自我判断，认同你的服务价值，就不会认为你的律师费报价贵，如果认为你与他的期望值有差距，那么就需要双方进行博弈，看能否达到彼此满意的成交价。作为青年律师，我们要做的就是通过自己的努力让客户认同我们服务的价值，认可我们的价格。

（八）律师费报价的计算方法

最简单的计算办法是将去年一年的创收作为基数，除以年工作日，其值就是你工作误一天的价值，估算一下该案大约需要耗费多少时间，便可以得出你的报价基数，在此基础上乘以一定的上浮率就是你适当的报价数额。

六、正确处理客户的异议

　　客户的异议是指在律师与客户商谈法律服务合同时，客户提出的不同声音、不同意见，其实质是客户对律师服务合同的内容不满意。作为律师，我们在向客户推销我们的法律服务产品、与客户洽谈案件委托代理的过程中，经常会被客户提出各种质疑和异议。尤其是在与客户沟通非诉业务时，比如法律顾问服务，前面都谈得很好，但是到了签订合同时，客户就会借口需要与公司其他股东商量，而委婉拒绝。作为从业多年的老律师，对客户的这种说辞司空见惯、习以为常，而对于一些年轻律师而言，面对客户突然变卦，可能会有些措手不及，无法及时调整自己的情绪并妥善处理客户的异议。

在消费者行为学上，人们通常用弗洛伊德的冰山原理来解释客户的异议行为。冰山理论是一种隐喻手法，它指的是人的自我就像是一座冰山，大家能看到的只有上面很少的一部分，也就是人的表面行为，而更多的部分隐藏在更深的地方不被看到。客户的异议就如同冰山一角，律师看见且仅能看见客户的表面行为和意图，但事实上客户把他真正的异议隐藏起来了，需要我们通过观察、分析去深入发掘。善于开拓案源、深谙人情世故的老律师会通过各种方法深掘客户隐藏的意图，找出他真正的异议，并对症下药解决问题，使双方最终达成委托。

在日常接待客户的过程中，客户产生异议的原因主要有以下几种：

1. 客户自身的原因

客户通常会基于自身的经济状况有限、对法律服务产品的认识误区、法律意识的薄弱、对自身能力的过高判断等表达对律师法律服务的不认可，如不适合自身企业目前状况、费用超过期望值，或通过多走访几个律师取经后自己去诉讼等。

2. 外界渲染对客户的影响

有些客户的异议源于其所处外界环境的渲染，比如，该客户的某个同事曾经告诉过他，律师都是见钱眼开、没有责任心的人，收了钱就不会好好替你办事了。然后他的同事以自己亲身经历的某个案件没达到期望值来绘声绘色宣泄对律师的不满，诋毁律师。还有社会上有些个人和媒体肆意放大个别行为不端的律师的事件，对整个律师群体予以抹黑和攻击。这些都会影响部分客户的心理，令客户带着厚厚的防备心理来找律师咨询问题。

3. 律师自身的原因

青年律师往往经验不足，在与客户沟通、介绍法律服务内容时，略显青涩，有些内容介绍不全面、未能明确清晰地表述出来，还有些方案没有针对客户所关心的问题和真正需求进行解答。有些青年律师面对客户夸夸其谈、自吹自擂，反而引起客户的反感，有些青年律师则自信不足，表现不佳。以上种种表现，都会导致客户无法全面获取律师所能提供的法律服务的信息，无法对律师及其提供的法律服务产品产生信赖感和满意度。

针对以上几种导致客户对青年律师提供法律服务时产生异议的原因，应对的方法有：

1. 端正态度

面对客户提出的异议时，我们一定要控制好自己的情绪，要告诫自己冷静下来，不要表现出任何的不舒服、不耐烦、急躁、生气，拿出真诚的态度，热情回应客户提出的异议，让客户觉得我们很重视他的异议，并积极寻求方法解决客户的异议。

在回应客户的异议的过程中，我们要保持不卑不亢、专业、自信的态度。试想，律师没有自信，我们还能说服当事人相信我们的服务价值吗？

2. 判断客户真正的异议

律师这个职业需要我们善于察言观色，面对客户提出的异议，通过谈话，通过提问，去捕捉客户异议背后是否隐藏着真正意图。我们要通过洞悉其内心真正意图，见招拆招，打消客户的心理疑虑。一旦客户意识到问题的严重性和复杂程度，向律师打开了心扉，他就更能接受律师的意见，认可律师的专业。

3. 有的放矢、解决异议

我们通过察言观色判断出客户真正的异议，分析产生这些异议背后的原因，有的放矢地解决这些异议，以期实现与客户的合作共赢。

首先，我们要消除客户对法律服务产品的疑虑，通过全面细致的讲解，以及过往的成功案例，来证明我们能为客户减少不必要的利益损失，能够创造价值。比如，当客户提出疑虑时，我们可以将他的疑虑转化为购买服务的理由。客户有时会说"我们企业不需要法律顾问，我们一直没有任何法律问题"，那么，律师就可以说"法律顾问就是防范企业法律风险的，现在没有出现法律问题，但可能有更大的法律问题潜藏着，一旦爆发就可能是比较严重的损失，法律顾问就像健康体检，以较小的成本减少未来较大的损失"。

其次，消除与客户的分歧点。无论是就法律服务的价格还是服务的内容和方式，我们律师所提供的服务蓝本只是基于我们以往经验和我们所拥有的信息做出的，但不同的客户有不同的偏好和关注点，我们在坚持原则和底线的基础上，要学会妥协，根据客户的意见，调整我们的服务和收费，充分体现对客户的尊重和认同。

最后，要转移客户注意力，扩大我们的优势。在很多客户眼里，年轻律师毛手毛脚，经验不足，办事欠缺稳妥，不能轻易托付。作为青年律师，年轻缺少办案经验是无法回避的问题，如果客户提出类似的异议时，我们需要坦然面对，用我们经办过的类似案例来转移客户的注意力，同时可以谈谈我们的优势，比如正因为年轻才有充沛的时间和精力去琢磨和研究客户交办的这个案件，有充裕的时间去反复和法官沟通案件，也可以向团队中有经验的老律师请教，可以请老律师和我们一起去见法官，因为老律师通常不会拒绝年龄比自己小得多的年轻律师的软磨硬泡。

积极、妥善地处理好客户异议是青年律师开拓案源一个很重要的方面，智慧、艺术地化解客户的异议，消除彼此的分歧和冲突，是青年律师成长过程中必须掌握的一项技能。

七、巧妙应对难缠的客户

在青年律师接待的形形色色的客户中，不乏有些比较难缠的客户。如何妥善应对难缠客户，避免冲突产生或者将难缠客户最终转化为自己的客户，值得我们好好探究一下。

作为青年律师，当我们面对难缠客户时，如果积极面对问题，所有的难缠客户都是可以搞定的。

工作中，碰到的难缠客户通常不外乎以下几种类型：

1. 脾气暴躁，易激动的客户

有些客户本身脾气特别暴躁，一说话就容易激动，听到几句不爱听的话，就开始大嗓门吵架。但凡来找律师的当事人，基本上财产已遭受损失或拟将遭受损失，有些是近亲属的人身自由已遭受禁锢或拟将遭受禁锢，本来客户的情绪就很糟糕，可能处于失控的边缘，再加上自身的性格特征，律师的一句本无意的话可能就会让客户情绪失控，客户会怒火冲天，迁怒于律师，直接恶语相加、大闹办公室，有些甚至还会升级到利用自媒体恶意攻击律师或者将律师投诉到一些媒体、律协和司法局等单位，给律师造成不必要的麻烦。

2. 静如止水的客户

有些客户在面对律师时，奉行言多必失的原则，惜言如金，除了描述具体案件外，绝不多说一句话，他们面对律师时，面无表情，平静如水。这样的客户，有时会让年轻律师心里发毛、不自信，因为你很难捕捉到足够的信息去读懂客户的心理，不知道他的真实想法是赞同还是反对，这样的"冷"客户，也是比较难应对的客户。

3. 不信任律师的客户

有些客户在其他案件中接触过律师，可能遇到个别不太负责任的律师，接受了委托，收了律师费，但没有尽心尽责办好受托事项。这样的客户有了前车之鉴，戒备心理比较强。当他面对别的律师时，可能会戴着有色眼镜去判断律师说的话，事先将律师假想成"趁火打劫"的骗子，尽管你言之有理，但我就是不相信你。这样的客户尽管迫切需要律师帮他解决问题，但是他很难信任律师，比较难以沟通。

4. 过度迷信关系的客户

尽管我国的法治进程在不断推进，也取得了喜人的成果，但是受"官本位"思想的影响，以及个人经历的影响，有些客户还是盲目迷信权力、迷信关系。这些客户通常在找到律师时，已经动用了他自己所能动用的关系，但还是没能解决问题，所以他找律师，更多是希望通过律师的个人关系来解决问题。

5. 过于计较的客户

有些客户比较喜欢计较，计较律师的服务内容、服务时间、服务质量、服务费用，只要有一点可讨价还价的空间、有一点利益空间，客户就会与律师锱铢必较。这样的客户，自诩精明，惯于追逐市井小利，他们会很在意且很敏感于律师的每一个行为。

6. 喜欢指挥律师的客户

有些客户好为人师，自我感觉良好，看了几本法律的书籍，网上百度下问题答案，就觉得自己很专业，藐视律师，惯于用批判的眼光来评判律师的分析和判断，指挥律师处理案件。

7. 喜欢捏造事实的客户

有些客户在面对律师时，总喜欢有意无意地夸大事实或捏造事实，甚至基于某种目的杜撰或捏造事实，自以为能引导律师，以实现对自己有利的目的。面对这样的当事人，是很让人头疼的，尤其是对青年律师而言，有时一疏忽，没有察觉到当事人的谎言，或者判断不出当事人哪句话是真实的、哪句话是虚假的，可能会做出错误的法律判断。

8. 语无伦次的客户

还有一类客户本身没有什么恶意，对律师也很尊重和信任，但是他的语言表达能力比较弱，说话颠三倒四、语无伦次，这样的客户也很让律师头疼。客户在向律师讲述案件内容时，说着说着就偏离了案件本身，转入另一个与案件不太相关的问题，当律师发现问题并把内容转回到案件本身时，客户讲的内容与之前的内容又无法衔接上，有些内容甚至前后颠倒，而客户自己却浑然不知。与这样的客户谈话，很容易让青年律师摸不着边际，他们甚至可能会误导青年律师的思维，影响律师对案件的正确判断。

针对不同类型特征的客户，我们要用不同的方式去对待，有些可以几种方式同时交叉使用，以便更好地解决问题。应对难缠客户的方法，有以下几种：

1. 待客户如亲人

律师除了把提供法律服务作为谋生的手段，还需要有一种"以天下为己任"的社会情怀。也就是说，无论多么难缠的客户，我们在提供法律服务时，都应当要有把客户当作自己的亲人来对待的态度。从当事人的立场出发，事事处处为当事人着想，千方百计为当事人排忧解难，全力以赴为其解决问题。当客户看到律师为了他的事那么拼，自然就会被感动，就会放下猜忌和怀疑，对律师产生信任感，把律师当作自己的亲人来对待。将心比心，难缠客户就会变得不难缠了。

把客户当亲人来对待，还要求律师在接待当事人的时候，做到内心满怀大爱、态度和蔼可亲、说话和颜悦色、细心聆听倾诉、讲解清晰具体、分析抽丝剥茧。

2. 对客户以诚相待

当我们去商店买东西时，我们面对两个不同类型的导购，一个满怀诚意，坦诚告诉你产品的优点和缺点，而另一个导购看上去就满是心机，拼命夸大产品优点、回避它的缺点。同样的产品，你会选择在哪家购买？

毫无疑问，大部分人会选择在诚心的导购那里购买商品。我们的客户在面对不同的律师时，也会倾向于选择诚心的律师。所谓诚心，就是要真心实意地面对客户，既不夸大也不缩小客户可能面临的法律后果，实事求是地对客户面对的法律问题提供最适合的解决方案，用诚心来打动和感化客户。"以诚立业则无业不兴"，以诚心来对待客户，再挑剔、刻薄的客户也会被我们的诚心所感化。

3. 尊重当事人

孟子曰："爱人者，人恒爱之；敬人者，人恒敬之。"尊重别人是一种美德，也是一种品格，更是我们律师的一种职业修养。我们需要放平心态、放下身段，用温和的眼神、平静的语调、礼貌的肢体语言来面对当事人，让他们能感受到我们的善意和尊重。

尊重客户，我们才能赢得客户的尊重，才能彼此宽容、彼此理解。再难缠的客户，也会在你的尊重中体会到一种幸福感。

4. 注意沟通方式

律师要具有专业性，这是处理客户关系的前提和基础，但是不能过于炫耀自己的专业性。无论当事人是否知晓和熟悉相关法律法规，我们都应尽量不要用大量直接的法言法语来和当事人沟通。我们要用通俗易懂的语言，于情、于理向当事人解释其面对的法律问题，我们的目的是要使其能听懂、听明白，而不是故弄玄虚以显示我们的能力。"大道至简"，用最通俗最简单的语言阐释最复杂的法律问题，才是高水平的律师，才能让客户佩服你。

八、成功预约客户的方法

很多青年律师看到其他律师都能经常预约到客户谈业务，自己难免气馁，为什么自己就不能成功预约客户呢？这里介绍几种顺利预约客户的方法。

1. 连续预约法

实践证明，很多律师都是通过连续多次当面预约客户才引起客户的注意和兴趣的，这为以后成功推销法律产品打下了坚实的基础。

2. 调查预约法

调查预约法是律师利用调查的机会实现预约客户的方

法。这种方法比较隐蔽，目的性没有那么明显，也比较容易被客户接受。我们在实践中可以用这种方法降低客户的戒备心理。

3. 馈赠预约法

馈赠预约法是指律师通过赠送法律宣传小册子、普法小资料等给客户，从而引起客户兴趣，进而实现成功预约客户的方法。该方法适用的关键点是律师应十分全面地了解客户的喜好，投其所好，赠送适合客户的宣传册资料。

4. 好奇预约法

好奇预约法是指律师利用客户的好奇心，预约客户的方法。律师可以利用语言、动作或其他方式，引起客户的好奇心，以便引起客户的兴趣。

5. 求教预约法

我们大都不忍心拒绝一个主动虚心求教的人。求教预约法正是利用客户的这一心理来预约客户的方法。律师在使用求教预约法时应认真策划，把要求教的问题与自己的法律工作有机地结合起来，带着诚心去向客户求教，以期达到成功预约客户的目的。如果求教只是律师的一个幌子，一旦在交往中被客户戳穿，势必会让客户很尴尬，反而弄巧成拙。

6. 赞美预约法

人人都喜欢听到别人的赞美之词。赞美预约法就是利用人们的自尊心和希望得到赞美的愿望来达到成功预约客户目的的方法。赞美和恭维一定要适度，否则会适得其反。

7. 问题预约法

问题预约法就是直接向客户提问，促使客户集中精力，更好地理解和记忆我们发出的信息，为激发客户的购买欲望奠定基础。

8. 利益预约法

利益预约法是律师通过简要说明法律产品的利益而引起客户的注意和兴趣，从而转入面谈的预约方法。利益预约法的主要方式是陈述和提问，就是告诉客户你所推销的法律产品能够给其带来的好处。

九、寻找开拓案源的切入点

常言说：机会总是留给有准备的人，这话一点不假。

20 世纪 90 年代末，住房改革大潮一波又一波，北京房地产市场异常火爆。当时有一位律师，他专门给当地买商品房的人做代理人。他平时善于观察和总结，他注意到北京当时商品房买卖的过程存在很多陷阱，看似有序，实际很乱，监管很不到位，市场漏洞到处都是，黑中介比比皆是，有些卖房人受到利益的驱动而一房多卖，购房者屡屡上当受骗。他收集了很多房屋买卖合同纠纷的司法判例，并对这些案例进行研究、点评，编成了一本书，就这样，他成了被大家熟知的商品房交易方面的专家。后来，北京很多遇到商品房买卖纠纷的客户，都会慕名去找他代理，案源自然也是源源不断。

我们有的青年律师也写书，但却是一些大而无用的书，缺少针对性，更乏实用性、可操作性，实际并没有深入某个业务领域，是为出名而出名。这些东西对开拓案源并无益处。有些青年律师没有明确的专业方向性，平常也不细心观察身边的法律市场，只是不停地哀怨自己没有资源，开拓不了案源。

业内人士所熟悉的传统领域的案源，往往被很多律师盯着，青年律师要想介入进而开拓自己的市场，是一件很困难的事情。传统业务的案源基本上按照"二八原则"垄断在大律所、大律师的手里，初出茅庐的青年律师很难挤进这些市场并杀出一片天地，如此环境下，青年律师就要善于动脑子，用自己敏锐的观察力去寻找新的案源开拓的切入点，开拓新的法律服务市场。比如上文中所说的北京的这位律师，他就善于抓住我国住房改革过程中，传统福利分房向商品房过渡时，基于商品房这个新生事物而衍生许多新的法律问题和当事人合法权益被侵害的现象，专研并专注于解决该领域的法律问题，在该领域独树一帜，开拓出一片蓝海市场。再比如现如今，数字经济如火如荼，但是专注于从事数字经济法律服务的律师少之又少。能够在数字经济中嗅出商机的律师也是少之又少，而我们的青年律师具有很强的学习能力，可以顺应当下科技革命和产业变革的大潮，对数字经济这一新产品、新模式、新商业、新业态进行研究，挖掘其巨大的法律服务市场。数字经济中存在大型高科技公司的垄断和反垄断问题、网络反不正当竞争问题、不停爆雷的 P2P 金融业务维权问题等，都可以是青年律师案源开拓的切入点。

选择切入点光有机遇和眼光还不行，还要下一些研究的功夫。也就是说，青年律师本身要加强自身的学习，不断充实自己，才能独具慧眼，在机会来临的时候识别机会、抓住机会。青年律师可以从以下几方面加强自身的学习：

1. 要善于观察

青年律师在跟随指导律师承办案件的过程中，要留心观察指导老师是如何与当事人、法官沟通的，是如何检索资料、如何分析案情的，庭审过程中又是如何处理的，要把控所有细节，尤其是对关键性环节的处理，要深入观察，反复揣摩。

2. 勤动笔

青年律师对于所见、所闻、所思，只要是自己不会的或者觉得有价值的，就用笔记录下来，整理成小册子。比如每办完一个案件或处理完一个非诉项目，就把案件及自己的心得体会记录下来，再把相似的案件和非诉项目归档整理成一个个的专题。

我以前带过一个实习律师，每做完一个项目，我就让他把与该项目相关的资料整理出来。比如大股东侵害小股东利益纠纷案，把该案件归集到股权争议专题中，把大股东侵占小股东利益相关的法律法规、司法解释、各地司法判例、本案案情描述、案件证据、案件总结等整理装订到一起，以后有类似的案件也要把相关资料整理好后放到该专题中。把实践中的经验积累成这样一个全方位立体化的数据库，然后在自己的执业过程中不断充实里面的内容，慢慢地，你就会发现对于这一专题你已经比较专业了。以后遇到新的类似法律事务，打开数据库就可以了，这样可以节约大量的重复检索时间。

3. 多阅读，多看好书，尤其是业内知名律师和一些法官、检察官写的书

俗话说，"读万卷书，行万里路"。青年律师刚走向律师执业岗位，试图通过自己的直接经验来快速获得大量知识是比较不现实，而且更多的时候你研究了很长时间才发现和总结的经验，再查找下资料，蓦然发现其实别人就该问题早已经研究得很透彻，而且比你研究得专业多了。所以我们要站在巨人的肩膀上，要在前人已开辟好的道路上砥砺前行。

对于青年律师而言，学习别人的经验最好、最快的方式之一就是读这些业内前辈写的书。专业理论要读，尤其是实操办案，这是我们急需补足的短板。我们要多读最具实践经验的大律所的知名律师写的书和法院、检察院尤其是最高院、最高检和一些地方高院、高检编写的书。比如每次国家新法律颁布的时候，最高院都会编写一本关于这一法律的理解与适用的书籍，这类书一般是律师必读的。

4. 多参加业内和相关行业的学习活动

"吾生也有涯，而知也无涯。"律师在办案过程中所需要的知识涉及面比较广，一定要博览群书，加强学习。

青年律师有机会就要多参加业内的业务培训，增长知识。全国律协和各地的律协以及一些法律学习平台，甚至一些大的律师事务所，每年都会有这种针对律师的业务培训，它们会找一些知名大律师和经验丰富的法官与检察官等来讲课，选一些对你有用的专题听听非常有用。

同时，对于一些收费项目的专门培训，有时间和有财力的话，也可以根据自己的需要选择一些课程去听，比如一些知名大学的继续教育学院办的专题培训班。参加这种培训，不仅可以扩充自己的知识，更重要的是，还可以认识各行各业的朋友，为自己积累一些人脉。

5. 多动笔写写文章

写文章可以帮助自己梳理知识、重温知识，让思维变得更加缜密，记录自己对案件的思考和见解。平时我们在办理案件时会突然灵光一闪，对案件有一些自己独到的看法和判断，但如果不把这些进行深化、写成文章，这些心得就会被转而忘记了。通过动笔写文章，你会细心收集资料，寻找素材，梳理知识结构。通过反复斟酌来说明你的观点，你的独立思考能力会在无形中得到很大提升。

另外，写文章本身也是一种营销手段。发表文章，出版书籍，都可以让客户知道你是在某一方面挺厉害的学者律师，有自己独特的判断和经验，这样在与客户交谈中更容易赢得他们的信任感。

机遇偏爱有准备的头脑，不断提升自己的专业技能，好的运气就会眷顾于你。我们常常抱怨自己刚"出道"资历浅，没有某某的运气好，自己怎么就没这运气！把别人的成绩归功于运气，这是错误的。别人的今天是因为他昨天甚至是今天，比我们更努力、更坚持。我们所经历的痛苦、迷茫，别人也一样面对和经历过，只是别人比你更用心、更努力，所以走得就更远、更快、更好。临渊羡鱼不如退而结网，只有提升自己，机会才能离你越来越近。

十、律师要有服务于客户的意识

1. 律师要善于把咨询者发展成客户

作为一名执业律师，其业务来源是多方面的。但不论何种来源，都有一个共同的特征，即都是从咨询开始的。

面对各种各样的咨询，律师要做的不是告诉别人怎么做，而是怎么让咨询者与你面对面地交流。想办法把咨询者变成自己的客户，把咨询者的问题变成自己的业务或案件。一句话，要想方设法让客人在你这儿"买样东西再走"，这样你就开张了。你只有接受了当事人的委托，才有可能充分发挥自己的专业特长和业务技能，否则再高深的学问和技能充其量也只是乞丐手中的金饭碗而已。

2. 律师要善于推销自己

商人贩卖的是产品和服务，律师销售的是专业知识和服务。商人有了适销对路的产品和良好的售后服务，他的生意就红火。律师要做的就是把法律法规、法学理论、经验、技能贩卖给需要它的人，说白了就是把别人总结好的东西拿来贩卖，你就可以成为大律师了。所以，律师的专业能力要通过高超的商业技巧发挥出来。如果你的商业意识很薄弱，做了律师也不把自己当作商人看，不善于推销自己，那么你即使有再高深的学问和才华，充其量也就是巷子深处的酒。

3. 律师要有商人一样稳定和成熟的心理

律师属于知识分子的范畴，中国知识分子历来重学轻用、重己轻人、重文轻商。律师要放下知识分子的清高，努力养成并保持一种平常的心态，就像商人一样拿得起、放得下。无论在何种场合、面对什么样的人，都能做到泰然自若、不卑不亢。

同时，律师要有商人一样稳定和成熟的心理还表现在要努力发展自己的人脉。要善于与比自己强的人合作和交往，一名成功律师的最大特点是有广泛的人脉关系，交际圈子相当宽泛。如果他们没有稳定、成熟和健康的心理状态，是很难做到这一点的。如果你现在和县处级以上的领导干部在一个桌子上吃饭还会感到不知所措，或者一位成功的人士坐在你身边时你还有些惊慌失措的话，那就很难得到别人的赏识了。

4. 律师要善于发现并挖掘客户的需求

市场营销中关于需求的分类对律师营销很有帮助。客户需求是多种类的，有明示的需求，客户直接告诉我们需要什么；有潜在的需求，需要我们去激发客户；还有不健康的需求，不规则的需求，充分的需求，下降的需求，等等。客户上门找律师代理打官司，这就是直接表明的需求，也有的客户提出无理的要求，这就是不健康的需求。如果律师不注重整体形象，社会上经常出现关于律师的负面报道，时间长了，就会使公众对律师产生不良印象，会出现需求下降，甚至出现负需求，也就是厌恶律师。

执业律师应该对客户进行充分分析，要把客户潜在的法律需求挖掘出来，把客户潜意识中没有产生的法律需求激发出来。比如说寻找企业顾问单位，尤其是还没有律师的单位，这就更需要我们执业律师下大力气对这类客户进行营销，一定要把这类企业的法律问题挖掘出来，让客户觉得市场经济环境下法律需求无处不在，法律服务是必需品。

　　寻找目标客户，激发目标客户潜在的法律需求，传播法律防范意识，为客户提前建立有效的法律预防体系，体现律师的价值。

十一、法律服务的流程

作为青年律师，我们需要非常明确地知悉律师在执业中可以为当事人提供哪些法律服务。

根据我国《律师法》第二十八条的规定，律师可以从事下列业务：（1）接受自然人、法人或者其他组织的委托，担任法律顾问；（2）接受民事案件、行政案件当事人的委托，担任代理人，参加诉讼；（3）接受刑事案件犯罪嫌疑人、被告人的委托或者依法接受法律援助机构的指派，担任辩护人，接受自诉案件自诉人、公诉案件被害人或者其近亲属的委托，担任代理人，参加诉讼；（4）接受委托，代理各类诉讼案件的申诉；（5）接受委托，参加调解、仲裁活动；（6）接受委托，提供非诉讼法律服务；

（7）解答有关法律的询问、代写诉讼文书和有关法律事务的其他文书。

由上我们可以看出，律师的法律服务主要分为诉讼法律服务和非诉讼法律服务，这两类法律服务的流程存在较大的差别，我们分开来讨论。

（一）诉讼的法律流程

尽管法律诉讼可以分为民事诉讼、刑事诉讼、行政诉讼，但不同部门法的诉讼流程基本上大同小异，我们取其相似的主要流程来做介绍。

1. 接待当事人或者其近亲属的咨询

耐心倾听当事人或者其近亲属对案情的陈述，注意捕捉案件关键的法律信息，对其述说不是很清楚或者有遗漏的案情信息，通过提问当事人或者其近亲属来进一步明晰案情。向咨询人介绍与该案件相关的法律规定，分析案件的情况，合理判断是否有诉讼的必要和胜诉或败诉的可能性。

2. 办理收案手续

如果与咨询人交流比较顺畅、彼此认可，则可以办理收案的相关手续。按照所在律所的流程规定，填好收案审批表，报领导审批，告知咨询人委托须知、注意事项、委托合同的内容，将委托须知和委托合同交委托人过目和签字，留存其身份证复印件、授权委托书原件、营业执照复印件、法定代表人证明原件。特别要注意委托中材料的真实性和程序的合法性，比如签字的委托人必须是具有法定权限的相关人员，复印件与原件一定要比对审核。

3. 承办案件

首先，调查收集证据。要求委托人提交其现有的证据材料，比如书证、物证、视听资料等，分析筛选哪些与案件有关，哪些是无关的资料。根据对案情的分析判断，律师到相关部门、单位调取案件证据，比如工商档案信息、证人证言、公安笔录等。

其次，制作法律文书。代原告草拟起诉状或代被告制作答辩状，经与委托人沟通后，定稿。

如果代理原告的，需要代为办理立案手续。向有管辖权的法院提交律所公函、授权委托书、起诉状、证据目录及相关证据。法院立案审查通过，律师代收案件通知书、举证通知书、出庭通知书等法律材料。

再次，根据法院转送对方当事人的证据材料，制作案件代理词初稿。

从次，根据出庭通知书的日期参加庭审。如果律师代理原告的，则需要在庭审时代理原告主张诉讼请求及事实和理由，如果律师代理被告的，则代被告方进行庭审答辩。在法庭调查程序中，先由律师代原告方举证，然后由被告方质证。原告方举证完毕后，由被告方举证，原告方质证。双方举证、质证都完毕后，则法庭调查结束。庭审举证过程中要考虑周详，质证要充分，不可有丝毫的马虎。法庭调查结束后，进入自由辩论阶段。针对审判长归纳的争议焦点，原告方陈诉理由，运用"逻辑三段论"，阐明自己的观点，支持自己的请求。被告方则反驳原告方的观点，反对对方的请求，维护自己的利益。接着，被告方主张自己的观点，陈诉理由，原告方反驳。几轮互相辩论后，自由辩论结束。最后进入陈述阶段。由审判长按照原告方、被告方的先后顺序征询双方最后意见。

最后，等待判决。庭审结束后若干天，法院一般会依法做出判决。如果是民事案件，法院可能在判决前再进行一次调解，调解不成的，会及时判决。

判决出来后，整个审理程序律师代理就结束了。

4. 案卷归档总结

我国司法部和各地司法系统，都对律师案卷归档出台了管理办法，规定具体的归档要求和装卷内容，各律师事务所也有自己的明确要求。律师需要按照要求及时归档。

（二）非诉的法律流程

非诉法律服务，有简单的也有复杂的，比如代为书写各种法律文书、接受咨询、出具法律意见书等，其实就经常包含在律师的法律顾问服务中。因此，在各种非诉法律服务中，我们主要来介绍企业法律顾问的服务流程。

1. 参与投标和访谈企业

现在越来越多的大中型企业在招聘法律顾问的过程中，倾向于采用公开或邀请招投标的方式。那么，青年律师更需要关注你擅长领域的企业的网页或者是当地的一些招标网站，每天查询相关的法律顾问招标公告。虽然我们和这些企业可能没有接触过，但是重在参与，通过参与法律顾问招投标活动，锻炼自己的能力，同时为以后积累经验。参与多了，我们就能知道标书怎么写，以什么价格和什么方式报标价，各家企业的偏好是什么。对于邀请招标的企业，青年律师可以通过自己的社会圈子获取信息，如果事先能和招标企业沟通，了解其需求是最好的，因为有些企业在招标前根本不接待拟投标的法律顾问。

对于其他不通过招投标聘请法律顾问的企业，我们可以通过拜访的方式来获取企业客户。"伸手不打笑脸人"，青年律师在开拓法律顾问阶段，可以通过网络搜寻到适合的企业，以登门拜访的形式联系企业。尽管会被多家单位拒绝，但这种大量撒网的方式还是会为我们获取到顾问单位的。

2. 中标或交换意见

如果青年律师通过招投标方式中标，那么我们会收到中标通知书。如果是通过拜访客户方式，初步达成法律顾问的合作意向的，我们可以和客户单位就法律顾问的有关事宜进一步交换意见，对客户所需要的法律顾问的职责范围、彼此法律关系、服务的团队律师的人选和人数、服务内容、服务方式、服务期限、各自的权利和义务、顾问费金额和付款方式等进行充分讨论和交换意见，最终达成一致内容。

3. 签订合同

青年律师在接到中标通知书后，按照通知书约定的日期和地点，根据招投标文件的约定，签订法律顾问服务合同。没有通过招投标方式确定的客户企业，我们在前面多次交换意见，就服务合同的基本内容达成合意的基础上，按照双方约定的时间、地点和方式签订法律顾问服务合同，由双方法定代表人或者委托代理人签字、盖章。

4. 律师提供服务

青年律师在合同生效后，按照约定的条款，履行合同的义务。在此特别要提醒的是，青年律师一定要高度重视合同的履行。合同签订了，并不意味着大功告成，这只是我们法律服务的开始，我们一定要和企业保持充分的沟通和交流。除了严格按照合同约定的方式和内容履行工作职责外，在不打扰企业工作的前提下，律师一定要多到企业走走，时常给企业打个电话，了解他们的法律需求，看看有没有力所能及可以帮助解决的问题，有没有一些事项和决策可以事先参与，减少未来不利风险。

对于律师了解到企业经营中遇到法律问题之外的一些问题，如果能够帮助协调解决的，就尽量帮助企业解决。律师不能收了顾问费用就消极怠工、应付企业，也不能对企业的事袖手旁观。一个能与企业长期合作的法律顾问，不仅需要专业过硬、恪守承诺，还要在各方面都对企业有帮助、有价值。

十二、关于法律服务收费的认识与规定

　　律师提供法律服务，收取律师服务费，这是对律师劳动成果的尊重，也是合乎经济常理的。当下，对于律师提供的法律服务的收费存在不同认识，每年各地也会产生不少纠纷和争议，甚至有些当事人会投诉到律协、司法局，还有需要到法院诉讼解决的。

　　律师收费制度是否合理、是否科学，关系到律师的切身经济利益和工作积极性，关系到社会公众作为法律服务消费者的切身感受，也关系到律师行业能否有序、稳定、健康地发展。

　　基于律师行业的发展和社会层面的考虑，我们国家对律师的收费一直比较关注。从 1990 年开始，国务院相关部门就开始对律师收费做出规定，予以介入管理。2006 年 4 月 13 日，国家发展改革委、司法部联合发布了《律师服务收费管理办法》，对律师的收费制度进行了重大改革和完善，各省、自治区、直辖市相关部门会结合本地的实际情况每隔几年调整一次收费指导标准。

根据《律师服务收费管理办法》的规定，我国目前律师法律服务收费是采用政府指导价和市场调节相结合的方式，综合考虑了律师的专业能力、社会品牌效应等个别因素，也充分体现了当事人和律师的自主协商性。

这种在法定基础上的意定方式，改变了以往律师法律服务的不透明、不规范现象，使得收费标准和收费价格更加透明、规范，行业之间恶意报价、恶性竞争的情况有所扭转，各律师之间的竞争从价格战转为市场优胜劣汰生存战，当事人对法律服务价格从一无所知到有了参考的依据，同时又能根据自己的需求和能力选择不同专业水平和能力的律师。这给青年律师留下了很大的市场空间和实践机会，一些小的案子，可以从大律师、知名律师手中转到收费更低的青年律师手中。同时，青年律师也不用担心客户把法律服务费价格压得太低而影响法律服务的价值。我们可以理直气壮地告诉客户，司法部门规定了明确的最低收费标准，无论在哪家律所、哪位律师都不会比这个价格再低的，如果过低的，就是不正常的价格。这样既能让客户满意，也不会破坏行业的规则，还能让自己享有提供法律服务应有的价值。

十三、如何与客户谈判

　　随着依法治国进程的深入推进，法治理念的深入人心，我国的律师队伍日趋庞大，律师从业人员每年激增。律师队伍的壮大速度已经超越了我们法律服务需求的增长速度，客户资源就显得比较稀缺。尤其是对青年律师而言，如何把握机会，与客户进行有效谈判，达成意向合同，并建立持久互信的合作关系，任重而道远。

　　1. "凡事预则立，不预则废"，青年律师在与客户谈判前，要先做好基本功课

　　根据客户在预约时提供的案情信息，青年律师需事先做好相关法律法规规定和近几年各法院的判例信息的整

理工作，对法律规定和判例进行仔细研读、揣摩、总结。即使对方的案件是一个小案件，或者是你平时经常办理的类似案件，也不能掉以轻心，每个个案都有自己的不同点，稍一疏忽大意，就可能会错过案件关键点，让当事人觉得你不专业，只是为了承接案子而应付他。

我们还要根据手中掌握的现有资料，对拟将前来谈判的当事人做一个背景分析，如分析当事人的性格、喜好、经济状况。通过背景分析，我们能初步判断当事人对律师费价格是否敏感、对服务的专业性是否挑剔、是否容易相处，预估谈判过程中可能会出现的各种状况，这样我们可以把握谈判的主动权，面对谈判中突发的各种僵局有一个心理预期，能随机应变，减少冲突，达成合意。

2. 养成友好和轻松谈判的风格，不能因为当事人不懂法而轻视他

青年律师在与当事人谈判的时候，常常因为当事人谈论的观点和意见不具有法律专业性而对其予以轻视，自认为很专业，采用说教的口吻和当事人谈话，这其实是很忌讳的。即使你在这个案件上很专业，你的表现也会让当事人很反感，从而影响了律师的形象。仔细倾听当事人的陈述，适时表达我们对当事人一些非法律观点的认同，用简单浅显的语言表述当事人面对的法律问题，适时表现你的风趣和幽默，缓解当事人内心的忧虑和不安。

3. 青年律师需要适度的傲慢。以退为进、欲擒故纵，是一些成熟律师常用的与客户谈判的方法

青年律师执业初期迫切需要案源，所以在面对每一个找上门的客户时，表现得都很热情，解答也很真诚，那种掩饰不住的眼神里都能让人感觉到迫切和希望，而有些金牌律师对当事人态度的则比较傲慢，结果呢？当事人往往会选择对客户爱搭不理的大咖律师。很多青年律师不理解当事人为什么会这样，其实这是中国消费者的消费习惯。同样一件商品，当我们定价 100 元在街头过度吆喝的时候没人买，而把它定价 500 元放在店内精品橱柜里，再加些陪衬物，买的人反而更多。与之相类似，律师的身份也需要有一定的陪衬，而适度的傲慢就是律师气度和自信的陪衬物。

4. 把握好对待当事人的态度

在接待当事人的时候，我们要表现得热情，没有一个客户愿意看到一张冷冰冰的面孔，更何况客户基本上都是带着寻求救助的渴望来找律师的，青年律师需要展示人性的温暖，充分表现出我们的真诚关切，用温情来接待他们。同时，我们的态度也不能逾越职业的界限，律师不是当事人，也不是当事人的家属，我们是为当事人面临的法律问题"诊脉救治"，应当体现出律师职业的冷静客观，而不是大喜大悲、意气用事。就像我们到医院去做手术时，手术台上的医生无论面对什么样的重症患者，都是一脸的沉着冷静，而不会因为同情病人而表现得太悲伤。如果律师面对客户都不能保持冷静，又怎能客观判断和分析客户的法律问题，提出好的解决方案呢？

5. 把握好谈判的内容

在谈判的过程中，青年律师要根据客户的陈述，就其所求助的内容做出一个法律上的分析和判断，但是这种分析不是越详尽越好，律师要做到该说的说，不该说的不说，说多了反而会误导客户。

具体要分析的内容包括：准确归纳总结出当事人咨询事项的争议焦点，分析和指出目前该法律事项的难点在哪里，突破口在哪里，但是不能分析得太详尽，尤其是程序的问题尽量少谈，如果你把所有的法律细节和程序都说完了，当事人会觉得自己看看书再多问几个律师就能自己处理该法律事项了。这样的方式会误导当事人，反而害了他。庭审过程千变万化，一个没有法律功底和庭审经验的当事人无法面对瞬息万变的过程，一旦他解决不了，败诉了，就会说某某律师不专业，教他的东西使他败诉，久而久之，众口铄金，害了当事人，也害了青年律师自己。

所以，青年律师需要注意，我们在分析该法律事项时，既要指出客户面临的法律困难，又不能夸夸其谈，让人觉得在故意卖弄或小题大做；我们要提出解决的办法，但不是为了让客户抛开你直接自己上手操作；我们既要展示我们的专业性和承接案件的能力，又不能让客户觉得在自我吹嘘。当情况了解得差不多的时候，就结束会谈，告诉客户我们还有其他的事情要处理，留给客户思考的时间，让客户自己决定是否要办理委托手续。

6. 决不能谈论同行律师的是是非非

客户一般在找律师的时候，会多找几家律师事务所、多找几名律师咨询。所以，当客户在找到你咨询的时候，很可能已事先找过多个律师，当你谈论的法律问题和其他律师有出入时，客户或许就会向你提出某某律师是怎么说的。这时，青年律师要遵守律师职业道德和做人的原则，不能陷入当事人的误导中，不要吹嘘自己而贬低同行。

我们只向客户展示自己的能力和实力，可以貌似轻描淡写地向当事人谈谈自己的强项、获奖证书、发表的文章，叙说自己的成功案例。我们要向客户表示，我们会遵守职业道德、全心全意投入到案子中，努力为当事人争取合法权益。

律师与客户谈判的过程，是一个彼此试探、斗智斗勇的过程。无论如何，接下案子是谈判的首要任务和终极目标。在律师的职业道德规范之下，端正态度，用我们的真诚和能力为当事人争取合法权益，让客户放心、安心地把案子交给我们，这样我们就成功了。

律师寻找案源的有效途径

第三章

PART THREE

一、青年律师的客户在哪里

"我的客户在哪里？"这是每一个青年律师在开始执业时都会不断追问自己和前辈律师的问题。

律师行业具有不确定性、无形性、高风险性等特点，这就决定了律师的客户大部分是通过家人、朋友、客户等关系介绍或转介绍而来，业务的拓展模式还停留在老带新的熟人社会状态，很难取得较好的成效。尤其是青年律师起步之初，缺乏既往成功案例和熟人圈子，仅仅以个人为单位面向社会宣传自己，往往会因为没有社会公信力而无法赢取客户。所以青年律师在传统的律师服务中，如果没有属于自己的熟人圈子，没有别人帮你营销推广，就很难获取客户资源，更不要说积累自己的成功案例，继而也就无法取得更多客户的信任和认可、成功建立委托服务关系。

这就是当前我国律师的生存现状，律师通过老客户带来新的客户，而大部分客户都是通过一定的关系寻找律师为自己服务，长久以来，律师和客户关系就是依赖这种路径而相互依存、彼此关照，每个执业多年的律师都有自己固定的客户圈子。

既然青年律师执业之初很难通过自己的律师身份和专业特长直接从社会承接到一定量的业务，那必然要通过你目前有限的人际关系把你的律师身份、专业特长等信息传达给更多的社会群体，当这个人群有法律服务需求时，自然而然就会先想到向你咨询、寻求帮助。

根据美国销售专家杰尔·厄卡夫与美国作家维利伍德合著的《关系决定成败》一书的内容，社会中的人际关系是一个金字塔结构，自上到下分为六层：看重与我关系的人、尊重我的人、对我友好的人、喜欢我的人、知道我名字的人、不知道我名字的人。我们每个人都生活在金字塔结构的人际关系中，而且一个人拥有人际关系的好坏在很大程度上决定一个人的生活品质和一个人生活的丰富程度。

青年律师的客户真正来源于其本人在工作、学习、生活中形成的核心的交际层，也就是铁杆圈子，这个圈子的人决定了你生存和未来发展的宽度和深度，以及你整体的人际关系的品质和未来业务发展的方向。

所以青年律师在执业之初，最好不要在一个自己完全陌生的环境中执业，从零到有去建立一个自己的高品质的铁杆圈子，这对青年律师来说异常辛苦，也很难做到。青年律师最好选择在一个有一定熟人圈子的环境里来执业，比如自己的家乡、配偶的家乡、大学毕业城市、亲戚朋友较多的城市，这样可以充分利用自然的人际关系组合进程，能够迅速寻找和依靠一个或几个有能力且真心愿意帮助自己成长或愿意与自己共同成长的核心层，尤其是家中有一定社会地位的长辈、学校的恩师、同学的父母等，以此为依托组建6个人的核心圈，不断提高自身的综合素质，根据自身发展的状况适时调整核心层的组成。这是一名青年律师的生存之本，也是青年律师的成长之道，以核心层为中心的交际层和以核心层为基础形成的社会关系网构成自身的地缘优势。

"充分利用现有资源，建立核心层铁杆圈子"，一直是成功律师秘而不宣、只可意会、不可言传的寻找客户资源的规则之一，这也就是为什么很多成功的大律师往往不做任何形式的宣传，甚至连个人网页也没有，但案源却总是源源不断、慕名来找他的人总是络绎不绝的原因。

当然，"条条大路通罗马"，青年律师利用互联网、微博、微信公众号等新媒体工具，在经历多年的辛苦积累后，也能够形成自己的特定客户群。但在现有的职业环境条件下，青年律师通过不断培养、营造和提高自己人际关系的核心层，能够达到事半功倍的效果。

二、在刑事辩护中发现民事案源

在律师职业群体中，以民事案件为主的律师比较多，办理刑事案件的律师相对要少一些，这不仅是因为刑事案件的意义重大，关系到被告人的生命与自由，更是因为刑事案件的复杂性和专业性。与普通的民事、商事案件相比，刑事案件对律师的职业道德、专业素养、敬业精神有更高的要求。而我们的青年律师尽管在经验能力上稍逊于老律师，但办理刑事案件的其他能力都是具备的，青年律师可以多承接刑事案件，不仅因为他们年轻可以做到更好，更重要的是通过办理刑事案件，青年律师可以顺其自然地承接与其相关的附带民事诉讼案件。

首先，刑事律师需要高度的使命感和责任感。对于每一个初出茅庐的青年律师而言，大多是带着一腔热血和万丈豪情投身于律师行业，这一青年律师群体受某些社会不良风气污染较少，能够怀着一颗敬畏之心高度重视案件中被告人的生命和自由，常常能够发现案情中隐藏的一些蛛丝马迹和不易被人察觉的细小而关键的问题，能够更好地维护被告人的合法利益，维护社会公平正义。

其次，刑事律师需要良好的法律基础和与时俱进的学习精神。青年律师刚刚走出校门不久，且刚通过司法考试，具备了一定的法学知识储备，并且青年律师通常没有家庭负担，没有太多的社会应酬，有大量时间集中精力学习专业知识、研究案情相关条文和判例，这使得他们能够在案件有限的时间内深入钻研案情，可能会发现对被告人有利的更多的酌定情节，提供更好的法律服务。

最后，刑事案件具有突发性，更利于案源不是太多的青年律师承接。很多刑事案件的被告人在公安侦查阶段就找律师介入的比较少，一般是在检察起诉和法院审理阶段，被告人被采取限制强制措施，案件基本定性后，才会感到恐慌、害怕，而急急忙忙去找律师寻求帮助。

根据我国《人民检察院刑事诉讼规则》第三百五十一条的规定，人民检察院对于移送起诉的案件，应当在一个月以内作出决定；重大、复杂的案件，一个月以内不能作出决定的，可以延长十五日。另外根据我国《刑事诉讼法》第一百七十二条的规定，人民检察院对于监察机关、公安机关移送起诉的案件，应当在一个月以内作出决定，重大、复杂的案件，可以延长十五日；犯罪嫌疑人认罪认罚，符合速裁程序适用条件的，应当在十日以内作出决定，对可能判处的有期徒刑超过一年的，可以延长至十五日。在法院审理阶段，根据我国《刑事诉讼法》第二百零八条的规定，人民法院审理公诉案件，应当在受理后二个月以内宣判，至迟不得超过三个月。对于可能判处死刑的案件或者附带民事诉讼的案件，以及有本法第一百五十八条规定情形之一的，经上一级人民法院批准，可以延长三个月；因特殊情况还需要延长的，报请最高人民法院批准。由此可见，在检察院侦查起诉阶段，留给被告人的时间最长只有一个半月，而在法院审理阶段，从受理案件到宣判一般最长也就三个月。在这么短的时间内，律师要完成调取证据、会见当事人、研读案卷、案件分析等一系列的工作，显然需要一定的时间。而青年律师本身案源少，恰恰能在时间方面提供充足的保证，完成刑事案件突击性任务。

根据我国《刑事诉讼法》第一百零一条和第一百零四条的规定，刑事诉讼中的被害人由于被告人的犯罪行为而遭受物质损失的，在刑事诉讼过程中，有权提起附带民事诉讼。该附带民事诉讼同刑事案件由同一审判组织一并审判。在审理刑事附带民事诉讼的案件中，刑事和民事一同审判，这是具有中国特色的重要审判制度，能够更好保护受害人的合法权益，同时又节约了诉讼成本。实践中，我国目前大部分的刑事案件都会涉及附带民事诉讼赔偿的问题。根据律师的收费规定，即使是刑事附带的民事诉讼，也是按照民事诉讼的收费标准来收取律师费。如果我们的青年律师承接了刑事案件，就可以在同一审判过程中为被害人代理民事诉讼，一个案件两项业务，既增加了这部分民事案源，又增加了律师的收入，实现规模效应。

青年律师可以开拓的刑事附带民事诉讼的案件包括：

（1）被害人因人身权利受到侵犯而遭受的物质损失。

当被告人的身体受到伤害时，被告人为治疗和康复支付的合理费用、因误工减少的收入、伤残者的残疾生活辅助具费、被害人死亡的丧葬费等，这些都是物质损失，被告人都应当予以赔偿。权利人都可以提起附带民事诉讼。

（2）被害人的财物被犯罪分子毁坏而遭受的物质损失。

这些财物不包括被告人非法占有、处置的被害人财产，只限于犯罪现场毁坏的财物的物质损失，以及必然遭受的损失。如：小麦苗被毁坏，不但实际造成了人工、施肥、养护等损失，还造成了小麦粮食可得利益损失，这是必然造成的损失。

三、成为企业法律顾问

青年律师固然要承接诉讼案件，以尽快提升自己的法律专业水平，但是要解决案源问题，以及使自己更好地成长为综合性、全面性的律师，还需要重视非诉业务的开拓和积累，尤其是企业的法律顾问业务。

据统计，中国律师 80% 的收入源自非诉讼业务，其中最主要的就是法律顾问业务。对于青年律师而言，法律顾问业务也极其重要。有些青年律师，亲戚朋友们为其介绍了企业法律顾问的工作，但由于缺少经验，没有处理好细节问题，而失去顾问单位的委托，非常可惜。

根据我们的经验，青年律师要想抓住机会，服务好顾问单位，需要特别关注以下两方面的细节：

1. 学会揣摩客户心理，掌握签订合同的时机

我们首先要通过各种渠道获取客户的基本资料，包括企业基本信息和经营信息、管理层偏好、老板价值观、治理层结构等，对企业的身份和是否需要法律服务进行一个初步定位。其次，通过与企业接待人员的交谈，要分析企业的具体法律服务需求是偏重诉讼还是非诉讼，企业的内控制度有没有问题，企业是简单的法律服务需求还是深层次的法律服务需求，有没有深入开展业务的可能性。最后，要结合企业的实际情况和需求，为其量身定做法律服务方案。

2. 先舍后得，做好企业顾问服务

法律顾问服务是一项由浅入深的过程，需要与客户不断接近、不断交往，才能加深了解，彼此认同。青年律师在承接法律顾问服务前，需要多投入时间、多关心企业，从为企业提供免费的咨询等小事情做起，一点一滴积累客户对你的好感和依赖。免费的次数多了，客户就会觉得不好意思，会主动要求与你签订服务合同，购买付费服务。另外，基于我们日常为客户提供的服务，我们的参与度越高，对客户的了解就会越深入，客户对我们的依赖性就越强，这个时候，客户就不太可能会去找陌生的律师做法律顾问了。

从小事做起，用专业赢得客户，用诚意感动客户，这样的付出其实是低投入高回报的，也比较能够较长久地抓住顾问单位。

四、做好企业法律顾问

随着市场经济的发展，企业交易日趋复杂化，企业管理中的法律问题呈现出越来越多、越来越复杂的态势。在这种大环境背景下，很多企业家开始重视企业及其自身的法律风险，用较少的顾问费来换取企业的法律安全。正如曾任美国通用电气总裁的杰克·韦尔奇所说，"GE业务我并不担心，我担心的是有人做了从法律上看非常愚蠢的事，给公司声誉带来污点，甚至使公司毁于一旦"。

法律顾问的市场很大，竞争也很激烈。每个企业家都是很精明的，他为什么会心甘情愿地每年支付几万元的律师顾问费给你，甚至两年、三年，并一直持续下去呢？也有一些律师第一年签下了法律顾问合同，工作也很敬业，审合同、做内控，但是客户仍不满意，第二年就换了律师顾问。这其中的症结在哪里呢？我总结自己多年的法律顾问工作，将经验分享给大家，希望能够多帮助青年律师，让青年律师少走一些弯路。

我们在为客户提供法律顾问服务时，在律师职业道德和守法的约束前提下，要处处为客户着想，秉持客户利益至上；维系好与老客户的合作关系，和客户一起成长、发展；让客户感受到你的存在，看到你的工作成果。

1. 在思想上要杜绝"有空才顾，顾而不问"的意识

律师工作繁忙，又要面对一个又一个接踵而来的诉讼案件。有些律师，尤其是青年律师，忙于应付眼前的工作，无暇顾及自己的顾问单位，可能只有在空闲下来的时候，才会想起到顾问单位走走看看，或与其打电话联系，了解一下其生产经营过程中存在的法律问题。由于律师投入的时间有限，其可能不能及时捕捉到企业的法律问题，不能很好地参与到企业的生产、经营、管理、服务中，对于有些需要提供法律服务的地方，没能及时提供法律服务，或者由于对企业的情况不够熟悉，本来能更好地解决企业的某项法律事务，却没能做到尽善尽美，而给客户留

下遗憾，甚至给同行律师留下了抢夺客户资源的机会。法律顾问的"顾而不问"，会让客户质疑自己是否有必要花费一大笔钱去请法律顾问，现任法律顾问是否值这个服务费。往往在这种情况下，等到顾问期一结束，企业的领导就会找理由不再与律师续签合同。

2. 做一个"全能型"法律顾问

现代企业需要的法律顾问不仅仅是能草拟合同、审查合同的律师，而是一个全能型的律师，要既能够提供基本的法律服务，还能跨界提供各种资源。法律顾问的工作除了基本的服务外，还需要有更多含有附加值的增值服务。

（1）利用律师职业交往的广泛性，通过我们所接触到的社会各层面和各类中介服务机构所掌握的经济信息及便利条件，为企业运营、发展提供有价值的信息和所需要的各种资源。

（2）用好律所内外部、各律师手里的客户资源，整合这些资源，为需要资金的企业和寻找好的投资项目的企业牵线搭桥、出谋划策，促成双方合作共赢。

（3）一定程度参与企业经营管理，帮助和引导企业建立和完善现代企业制度，寻找适合企业发展的路径，规范企业的经营管理行为，降低法律风险。

（4）帮助企业建立和完善各项规章制度，经授权可代表企业定期检查、监督各部门合同履行情况，并及时向企业领导反映、汇报情况，提出法律意见。

（5）参与企业的重大商事活动的协商、谈判，并提供专业的法律意见、可行性分析报告，供企业决策时参考，参与重大项目的论证和商讨。

（6）熟悉知识产权业务，当律师关注到企业的商标、专利、知识产权、商业秘密等无形资产的合法权益被侵害或可能被侵害时，应及时提醒客户企业予以制止和防范，对已造成损失的予以追偿。同时提请企业在签订有可能涉及上述权利的合同时，应有上述权利保护的条款，并制定出一系列切实可行的规章制度和保护措施，对上述权利加以保护。

3. 用书面材料展示，告知客户法律顾问的工作成果

律师勤勤勉勉、兢兢业业为企业提供法律顾问服务，精心构织一张法律防护网，使得企业一两年内都没有法律风险事项发生。但是当一些老板看到企业平安无事，他会想"我的企业已经没有法律风险问题了，接下来只要维护

好这些已建立的制度即可，那我还需要法律顾问干什么？可以把这些钱省下来去搞营销"。于是，企业老板看不到律师的后续服务价值，自然就不会续签顾问合同。作为企业法律顾问，我们不仅要能踏踏实实干事情、解决问题，还要把自己的工作成果展现出来，告诉企业客户，我这一年为企业干了多少事情，我服务的价值体现在哪里。

如今，很多企事业单位都喜欢搞年终总结会，汇报全年的工作成果，法律顾问也需要向我们的企业客户做个过程汇报和年终总结汇报，这是很有价值和意义的。汇报的最好方式就是提供各种过程性和总结性的纸质法律文本呈交给客户。

（1）在单项法律服务提供的过程中，以书面形式根据服务的内容制作法律文书，其类型主要包括建议性法律文书、说明性法律文书、请示性法律文书、记录性法律文书。

其中，建议性法律文书指提供律师建议的法律文书；说明性法律文书指对特定问题提供说明的法律文书；请示性法律文书指需要公司认可，予以回复的法律文书；记录性法律文书指对法律服务状态或过程进行记录的法律文书，主要用于备案。根据业务事项具体内容的不同，我们将这些类型的文书整理成：《法律意见书》《风险提示书》《律师谏言》《律师工作简报》《情况说明》《法律信息》《请示》《工作日志》《法律顾问服务记录》《日常法律咨询服务记录》《谈判事项法律服务跟踪表》《会议纪要》等。

（2）在企业合同及各类文书法律风险审查的过程中，我们也需要以电子邮件和各种书面形式与企业进行沟通，并将审查结果以书面形式向企业汇报。具体包括公司与其他各方签订的合同、公司对外发布的广告文稿、宣传资料、招标投标文件、公司内部管理规章、规范性文件等涉及法律问题的文字性材料。公司在签署上述文件前，建议将相关文件提交顾问律师审查。我们在审查的过程中，以法律为准绳，结合企业的实际具体情况，按时高效地完成审查工作，并做出如下处理：能够提供《法律意见书》的，提供《法律意见书》；公司提供电子文档的文件，直接以修订的方式对电子版合同进行修改，并填写《法律顾问服务记录》；对于企业提供的加急审查文件，无法制作《法律意见书》的，在合同中直接予以修改，并填写《法律顾问服务记录》，向企业说明情况；对于简单文件，无须出具《法律意见书》的，在《合同会审单》中写明修改意见，并填写《法律顾问服务记录》；对于简单合同，无须出具《法律意见书》，也无须填写

《合同会审单》，由律师口头做出修改答复，并填写《日常法律咨询记录》。律师出具的《法律意见书》或其他形式的修改意见，交给具体经办人，同时抄报公司董事会、监事会、总经理办公室。

（3）每个季度终了时，法律顾问要将自己每个月的所有工作制作成一张总结简报，向企业的总经理、董事会、监事会进行提交，内容包括：每个月已完成的事项、正在处理的事项、每项工作所花费的律师的具体时间量、工作时间点，完成的效果。每个年度终了，律师还要制作一份颇为详细的工作总结呈交顾问企业总经理、总经办、董事会、监事会、股东会，用翔实的数据向企业展示我们这一年的服务内容以及为企业创造的价值、挽回的损失等，通过这些来说明律师顾问服务的价值。

4. 恰到好处运用些维护客户关系的小技巧

律师顾问除了提供专业、优质、高效的法律服务和全方位的增值服务之外，还要注意以适当的方式加深双方的和谐关系。不仅要谈工作，闲暇时间我们更要与客户谈感情，比如每周至少与客户保持电话联系一次；参与客户举办的活动时，尽量抽出时间借着机会与客户高管或老板一起共进午餐或晚餐；邀请顾问单位人员参加各类文化体育活动；每年重要的节日都要记得寄出节日贺卡和小礼物等。这些小细节体现了我们对客户的尊重，对人情的重视，礼节见人情，二者兼顾，相得益彰。

"润物细无声"，法律顾问服务的维持是一个全方位的服务，我们需要加强自己知识的储备、资源的积累，干好事情、做好汇报，实现律师与顾问单位的共同成长，这样才能维护与客户的关系，使其更久远、更深入。服务和人情二者都重要，需要相互兼顾。没有工作上的肯定，人情没有前提和基础；缺乏人情和利益，则有悖于世俗和潮流，别人会讥讽你"不懂人情世故"。工作和人情就像人的两条腿，车的两只轮，缺一不能成行，不能前进。

五、学会宣传自己

有些青年律师刚走向社会，脸皮比较薄，不太好意思宣传自己。其实，当我们把律师作为自己的职业的时候，就要学会宣传自己，只要有机会逢人就告诉他们，我是律师，擅长哪些方面，能够替人处理哪些案件、解决哪些纠纷。

《律师法》第二条第一款规定："本法所称律师，是指依法取得律师执业证书，接受委托或者指定，为当事人提供法律服务的执业人员。"这一法律规定把执业律师定位为向社会提供法律服务的执业人员。律师所提供的法律服务其实就是一种产品，只是它是一种无形的服务产品。产品就是为了迎合消费者的需求而产生的，产品生产出后就要将其推销给广大的消费者，使消费者在有需求的时候能够满足其需求。执业律师作为法律服务产品的生产者和提供者，一定要有营销意识，把我们自己生产的产品宣传出去、推广出去。

律师的自我宣传就是通过市场宣传营销的理念和方法，把我们生产的法律产品有效地提供给真正需要法律产品的客户。我们必须借鉴市场经济的营销理论，适应市场经济发展的需要，做好营销和宣传工作，而不是坐在办公室里，秉持"酒香不怕巷子深"的传统思维，等待客户上门。这种坐以等待、守株待兔的律师工作方式早已被当前竞争激烈的律师行业市场所淘汰，客户需要了解律师，才会根据自己的需要去选择合适的律师。如果客户根本不知道律师能够给自己提供什么样的服务，怎么会找到你来提供法律服务呢？客户只有了解你，知道你是干什么的，才会找你，如果他根本不知道你是律师，也不知道你在哪里，是不会找你代理案件的。要让客户找你就要学会宣传自己，尤其是刚走出社会的青年律师。

同时，律师是一种非常特殊的职业。法律是有尊严的，法律服务是有尊严的。因此，律师在自我宣传时，不能像商人那样毫无顾忌地去做商业宣传工作，要注意分寸，掌握好力度，恰到好处地宣传自己，不能瞎吹、乱吹。

同时，律师宣传的范围要有限度，律师的目标客户是需要法律服务的群体，那么我们市场宣传所指向的目标客户注定不是泛泛大众，而是有限的、特定的群体，比如置身官司的当事人、权利受到侵害的公众。如果做漫无边际的律师宣传，只会让自己劳神劳财，且收效甚微。律师的宣传是有经济成本的，我们要分步骤、分时间、分对象地宣传。尤其是在发展初期，要量力而行，做适合自己的宣传。

对于青年律师来说，宣传自己就是开拓市场、积累案源。而案源的开拓就需要我们宣传好自己，我们要抓住市场的脉搏，在激烈的市场竞争中，把自己的法律产品推广出去，让客户在茫茫人海之中找到你。

六、利用传统广告宣传自己

对于青年律师而言，传统的广告宣传方式仍然是开拓案源的一条较好途径，但要符合法律规定。对于律师以广告方式推广自己，有些地方的律协监管得比较严格，明确禁止律师个人做广告，有些地方允许律师在职业道德和法定的范畴内实事求是地做广告。根据我们的经验，广告营销对于从业之初的律师而言，效果还是可以的，对需要律师服务但一时找不到律师的客户很有吸引力，也可以吸引一些潜在客户。

广告是吸引客户的一种手段，而服务则是留住客户和占据市场的关键。律师广告宣传，实质是让当事人快速获取律师信息，更便捷地找到合适自己的律师，同时让律师体面地获得更多的案源，进而在双方的进一步接触和良好沟通下，对案件进行深入分析和办理委托事项。常见的律师广告宣传方式有：

1. 广播、电视广告

律师一般不在广播、电视上直接投放广告，而是通过参与电台、电视台一些与法律相关的节目，以特邀嘉宾或者评论员的身份出现，讲解生活中的法律问题。当收听、收看了该节目的社会公众遇到了类似的法律问题时，会首先想到联系参与栏目的律师寻求法律帮助。

2. 户外广告

律师可以通过在公共场合的建筑、车站、道路边等悬挂或张贴广告牌、条幅等做宣传。也可以在公交车车体、私家车车体做广告，介绍你的专业特长和联系方式，有时会带来意想不到的客户案源。还可以在人流量大的商超、写字楼的电梯上张贴或播放律师事务所和律师的广告，人们在乘坐电梯时往往会关注电梯上的广告信息，每天反反复复地播放会强化潜在客户对律师事务所和律师的印象，一旦遇到法律问题需要律师解决时，会自然而然想起电梯上看到的广告。也有很多律师事务所和律师通常把办公室开在公安局、法院、检察院等司法机关附近，方便到这些单位办事的人急需时寻求法律服务。这种方式往往会招来很多陌生客户的咨询和委托。

3. 参加各种形式的发布会、招商会、募捐会

律师可以借助这些会议，在会上发发名片、发发言，借此机会让更多的人认识你、知道你，以此扩大自己的知名度，这样既不花钱又起到了广告宣传作用，可能产生现实的或潜在的效益。

青年律师通过做广告宣传自己是解决职场初期案源问题的一个较好方法，但是在广告营销中还要注意一些关键细节，切不可剑走偏锋、因小失大。比如，广告宣传时一定要坚守法律底线，不可为了达到营销目的，夸大事实、捏造案例、虚假宣传或者是诋毁同行律师、恶意竞争等，也不能因广告营销吸引的都是像婚姻、工伤、交通事故等小案件而掉以轻心、敷衍塞责。

七、利用新媒体宣传自己

　　新媒体营销是相对于报刊、广播、电视等传统媒体营销渠道而言的一种新的媒体形态营销模式，是一种利用数字化的新媒体平台进行营销的模式。由于当今社会信息技术的不断进步，互联网与市场营销结合产生了新的媒体宣传渠道，比如门户网站、搜索引擎、微博空间、微信朋友圈等。如今的营销方式并不只是单一地通过上面的渠道中的一种方式进行营销，而是需要通过多种渠道整合营销，甚至在营销资金充裕的情况下，可以与传统媒介营销相结合，形成全方位立体式营销。新媒体营销正是基于其新颖性、多样性、沟通性、参与性、体验性等优势，在互联网商业大潮中形成和构建出了属于自己的一片商业模式和营销空间，因而深受消费者的青睐。作为青年律师，对新事物的接受能力和学习能力都比较强，如果能运用好新媒体这些渠道来宣传自己，亦是一条非常好的开拓案源的方法。

新媒体营销主要可用的方式有：

1. 加入微信群

微信推出的当年，其用户数量已突破5000万人，根据腾讯公司2020年公布的财报信息，截至2020年底，微信月活用户已经达到12.25亿人，堪称国民使用度最高的APP，是国内社交软件第一巨头。另外，微信用户在使用微信功能时不需要支付任何的费用。基于其广泛性和免费性，青年律师可以很好地利用微信工具，加入一些微信群进行自我宣传，既不会产生什么费用，同时也扩大了自己的知名度。

2. 加入一谢QQ群、TM群

QQ群是腾讯公司最早推出的一个多人聊天互动的公众平台，在群内除了聊天，腾讯还提供了群空间服务，在群空间中，用户可以使用群BBS、相册、共享文件、群视频等方式进行交流。尽管这些年腾讯的很多用户被微信所抢占，但是 QQ 在国内的社交软件市场仍然占据重要地位，尤其是年龄稍大的消费者仍然习惯性使用 QQ 作为社交通信工具。根据腾讯公司 2020 年公布的财报信息，截至该年、底，腾讯 QQ 的用户量为 5.94 亿人。虽然 QQ 现在的用户数量规模在不断缩小，但是基于其庞大的用户基数和免费使用的特性，青年律师仍然可以充分利用好该免费的宣传平台来开拓自己的案源。

3. 微信公众号宣传

微信公众号是开发者或商家在微信公众平台上申请的应用账号，是一种主流的线上线下微信互动营销方式。微信公众号包括订阅号和服务号，针对已关注的粉丝形成一对多的精准信息推送，推送的形式多样化，包括文字、语音、图片、视频等。青年律师可以利用该平台，发布社会公众关注较多的关于法律热点问题的文章、法律点评，对于生活中百姓碰见较多的法律问题进行简单的普法宣传等，这些大众比较关注的、能吸引人眼球的法律文章的传播效果也是很好的。

4. 微博宣传

微博在几年前曾经红极一时，很多名人都开设微博，并在微博上与社会公众进行互动。青年律师也可以利用该免费渠道，撰写微博向不特定的人群宣传法律和自己，以便客户找上门来。也可以通过微博上的话题互动为潜在客户提供免费的法律咨询解答。

5. 抖音、快手等短视频宣传平台

目前抖音、快手等短视频异常火爆，我们已经悄然进入了短视频的时代。无论是小学生还是退休赋闲在家的老人，抑或是忙忙碌碌的上班族、居家的全职主妇，除了睡觉和工作时间，只要得空就会刷手机短视频。青年律师可以充分用好该平台，如选择适合自己的形式拍摄音乐短视频、剧情故事、法律知识小课堂等，制作自己的宣传作品并分享给平台上的用户，既实现了公益宣传又能为自己吸引客户。

6. 搜索引擎推广

搜索引擎推广是指通过搜索引擎优化、搜索引擎排名以及研究关键词的流行程度和相关性，在搜索引擎的

结果页面取得较高的排名的营销手段。搜索引擎在通过Crawler(或者Spider)程序来收集网页资料后，会根据复杂的算法(各个搜索引擎的算法和排名方法是不尽相同的)来决定网页针对某一个搜索词的相关度并决定其排名。当客户在搜索引擎中查找相关产品或者服务的时候，通过专业的搜索引擎优化的页面通常可以取得较高的排名。

搜索引擎推广相比上述几种宣传方式而言，其见效要更快些。包括我们自身在内，现在已经形成一个习惯，只要是自己不了解的，就会上网通过搜索引擎去初步查找资料，然后再深入分析和思考。据百度统计，全国95%的网民都在用搜索引擎，光百度每天就要接受数亿次搜索请求。可想而知，当客户遇到法律问题需要找律师，一时又不知道哪个律师更好的时候，就会首先选择在网上搜索。而这时，只要我们在搜索引擎上的排名靠前，就会被先搜索到。搜索引擎的操作也非常简单，向搜索平台支付费用后，自己通过后台设置好多个关键词就可以排到搜索引擎排名的前十位，而且我们支付的费用越高，排名就越靠前，其位置完全取决于我们自己的付费程度。

目前市面上用得比较多的互联网搜索引擎主要有：百度搜索、360搜索、搜狗搜索等。不同的搜索引擎，其用户不一样，收费也不一样。青年律师可以根据自己的需要选择最优的、最适合的搜索引擎做推广，把广告费用得恰到好处。

7. 网站宣传

如今，大部分公司都有自己的网站、网页，以此来展示公司的特色和自己产品的优点。律师事务所作为法律服务的营利机构，也需要通过网站展示本所的形象和业务专长，便于客户找到自己、了解自己。综观目前各大律所网站，大多数属于展示性的网站，往往是对律所的律师擅长的业务领域、有何成功案例、有何学术成果等进行展示。

以网站方式营销推广自己，最大的好处就是可以通过各种资料全面展示律师、包装律师，使得客户对律师的专业服务有深入的了解，能够根据展示内容找到适合自己需求的律师。同时，在网站上宣传自己时，律师要结合自身的专业领域强项、学历、工作经历、性格等进行全面分析。特别要注意的是，在网站宣传时一定要把自己的专业强项凸显出来，体现为在某一领域的专家，这样才能体现网站宣传的价值，才能让我们从众多律师中脱颖而出。

网站建好后，还得把网站宣传出去，也就是网络推广。比如各种网络付费广告、竞价排名、CPM、CPC广告。百度竞价、搜狗、搜狐竞价等是常用方式，可以让我们律师和律师事务所的服务出现在搜索引擎中。再精美的网站如果束之高阁、孤芳自赏，也不会带来开拓案源的功效，必将失去建网站的意义。

8. 开设与运营各种其他自媒体账号

青年律师从业之初有大量的时间可以投入到营销中，我们可以在企鹅、网易、头条、知乎、博客等各大自媒体上开设账号、宣传自己。青年律师不仅需要扎实的专业知识，更需要广泛营销自己，而且是有目的、有针对性、有规划地营销自己。从传播渠道选择而言，我们可以选择头条、企鹅、网易等越来越受到大量法律从业者喜爱的自媒体。对于刚入行的律师，没经验、没资历、没人脉、没资金，利用各大自媒体进行内容营销是提升知名度的好机会，对于个人知名度的提升会有一定帮助。

9. 入驻大型的法律咨询平台

现在互联网上涌现出大量的法律咨询平台，有司法局、法学会、律协等官方或权威机构开设的法律咨询平台，也有民间企业自己开设的咨询网站，它们都面向全国网民服务，邀请全国各地的律师入驻平台，将在网上咨询的或有法律服务需求的客户按地域推送给入驻平台的本地律师。对于青年律师来说，入驻大型法律咨询平台，也是推广和提升知名度的较好方式之一。

网上的法律咨询平台包括付费的和不付费的两种，不同平台收费的标准不一样。通常收费平台的客户能成为诉讼服务对象的可能性要大一些，凡是愿意为知识付费的客户，无论付费金额的高低，或许不是大客户，但一定是尊重知识且质量相对较好的客户，而付费法律咨询平台的作用就是帮助我们筛选这种高质量的客户。对于免费咨询的法律服务平台，客户就是抱着试试看的态度来咨询，他会咨询很多律师，反复比较，甚至有些就是来"蹭"服务的，这样的客户转化率非常低。虽然说这样的法律服务平台不能为我们带来直接客户，但是它们可以间接地扩大我们律师的知名度，对青年律师案源的开拓也能起到一定的宣传作用。

青年律师借助新媒体宣传自己时，还要遵守法律法规和职业规范的要求。

1. 严格遵守以诚信为本的原则

诚信是律师执业的法律和道德底线，也是我们律师界一直遵循的公共伦理。律师接受当事人的委托并收取相应的律师费，这种收费服务的属性决定了律师必须以诚信为本办理受托事务。律师作为委托人的代言人参加庭审诉讼、见证法律行为、起草合同章程、出具法律意见书等，这些执业活动本质上都是对诚信的维护。律师利用新媒体宣传或公布案情亦必须以诚信为本，不得发布虚假信息。

2. 律师运用新媒体公布案情要适度，务必要遵守律师执业行为规范

尽管现在大多数案件的裁判文书，社会公众在司法裁判文书网上都能搜索到，但是作为律师，对自己承办的案件进行广告宣传时要注意适度原则，有些案件会经过律师的互联网宣传而扩大、发酵，引发公众更多关注和公众舆论，从而对司法审判造成一定的影响，给律师自身造成不必要的麻烦。

3. 律师不得利用新媒体来散布或传播不恰当、不适宜的言论

新媒体具有广泛的受众群体，传播速度非常快。当律师通过新媒体散布一些不理性的信息，发表有失律师身份的言论，会直接影响到普通公众的心理，名声大的律师发表不适言论更是可能在社交媒体上引起轩然大波。

4. 律师在新媒体上发言必须注意履行保密义务

在新媒体时代下，律师可以在互联网平台上发表一些自己的观点和看法，但是律师应当保守在执业活动中知悉的国家秘密、商业秘密，以及当事人的个人隐私，其言论必须接受国家、社会和当事人的监督。《律师法》第三十八条规定："律师应当保守在执业活动中知悉的国家秘密、商业秘密，不得泄露当事人的隐私。律师对在执业活动中知悉的委托人和其他人不愿泄露的情况和信息，应当予以保密……"由此可见，律师对国家秘密、商业秘密、个人隐私等负有法定的保密义务。如果一个律师连执业过程中获悉的国家秘密、商业秘密、当事人的隐私都不能保密，那么还会有当事人信任你，把案件中的个人隐私告诉你、委托你吗？

5. 对于未决案件，律师不得随意发布辩护词和代理意见

律师在案件未判决时不得随意在新媒体平台上讨论和公开案件的情况，更不可随意通过新媒体平台对案情评头论足，甚至发布可能被合理认为损害司法公正的言论，也不得故意帮助或引诱他人发布上述信息，更不得发布伪造的事实和法律声明，包括与事实相悖的辩护词和代理意见。

对青年律师而言，新媒体宣传是一把"双刃剑"，要在法律法规和职业道德的框架内，合法合理地使用，用得好，可以实现投资少、收益快的效果，能在短期内提升青年律师的知名度，实现开拓案源的很好成效；如果用得不好，会适得其反，招来不必要的麻烦，甚至是牢狱之灾。

八、把握好律师的人脉宣传

人脉关系是指以自己为中心，通过学习、工作、血缘、姻亲等关系向四周散射的人际利益关系网络。这种网络基于交往半径的扩大和社会关系的相互传递而不断延伸，形成一张可大、可小、可强、可弱的人际关系网络。

作为律师，我们需要经营和管理好自己的人脉关系，从某种程度上说，律师的人脉关系决定了你案源的多少和案件的大小。像大律师事务所的大律师，他们的人脉圈子涉及大明星、大企业家等拥有较多财富的成功人士，相应地，他的这一社会圈子给他带来的案源基本上都是收费比较高的法律服务。青年律师刚刚走出校门、走向社会，可能目前无法与这些大明星、大企业家建立一定的社交圈子，但是我们仍然可以踏踏实实、一步一个脚印地建立我们自己的社交圈子，编织好我们自己的人脉关系网。历经岁月沉淀和时间洗礼后，这张人脉关系网就会越铺越大，案源数量就会越来越大，案源的质量也会越来越高。

青年律师从业之初，首先要用好自己手中现有的人脉关系，也就是你的校园圈、朋友圈、亲友团。我们在校园里结识了很多老师、同学，可以通过经常聚会、电话拜访等方式和老师、同学保持密切的联系，让他们知道你现在是在做律师，如果有合适的案源可以介绍给你。我们还可以参加校友会，这些校友中会有一些大大小小的企业家或社会各行各业人士，这些校友可能会成为你的客户，或者为你引荐客户，这些基于师生情缘而结识的师兄、师姐或许会是你的坚强后盾。同时，我们通过各种渠道认识的朋友，要跟他们多联系，主动为朋友排忧解难，建立起深厚的友情，通过资源整合，这些朋友会成为你人际关系网的重要一部分。亲友团同样也很重要，多年不走动的亲戚可以多联系联系，礼多人不怪，无论是血亲关系还是姻亲关系的亲友，无论是穷亲戚还是富亲戚，我们都可以与之建立稳定的关系，获得对方的认可。如果是在异地执业的律师，还可以通过参加当地的老乡会来获取人脉资源。共同的家乡话题、思乡情愁，共同的饮食文化会让我们更好地融入老乡的圈子，获得一定的案源。

要想尽快开拓出自己的案源，我们需要做一个积极的社会活动家，通过各种渠道和方式，打造自己的社会人脉关系网，串联起各方当事人与自己的纽带。青年律师可以通过在熟人圈、在各种可能接触到的社交活动中推销自己，表明自己的律师身份，展现自己的专业能力而获得案件委托。比如，多参加一些社会活动、朋友宴会、同学聚会、亲友婚宴等，参加活动时带上自己的名片，只要有合适的人就派发自己的名片，如果有遇到法律问题可能需要咨询的，可以热情地向对方介绍自己，免费为其提供现场简单咨询服务，如果三言两语可以讲解清楚的，直接替对方把问题解释清楚，如果三言两语解释不清的，可以留电话给对方约时间到办公室详细面谈。对于交往中碰到的一些潜在的客户，可以定期致电或上门拜访。我们还可以列出一份可能成为你案源介绍人的其他专业人士名单，不错过任何与人接触的机会，关注并参加各类活动。在接受亲戚、朋友介绍的案件时，要适时收取律师服务费，但不要收得过高，毕竟你只是初出茅庐的青年律师，不要一次性把自己未来的路全部堵死了。收取律师费则是体现出了我们律师的服务价值，如果永远免费或者价格太低容易让人怀疑你的专业水准。如果你的亲朋好友对收费觉得不舒服，我们可以委婉地告诉他"其实从我个人的角度来讲，我可以不收您的费用，但是这是国家法律的规定，律师收费是由司法局和律师事务所决定的，如果我不象征性地收您的费用，也会违背行业规定的"。无论是同学、老师还是亲朋好友，我们都需要尽快告诉他们你是专业的律师，那样人家才好把身边人的案子介绍给你，或者有了法律问题会首先想起咨询你。

根据营销学界经典的"250定律"，每个社会中的人天生都有250名左右的客户。根据营销实验观察，每个人会经常与6个人保持紧密接触和交往，而这6个人每个人又都有自己经常保持接触和交往的6个人，这36个人每个人又有经常接触交往的6个人，这样三个层面加起来总共是258人。因此社会中的每个人，无论是青年律师还是成功的大律师，都会形成一个250人左右基本稳定的人脉圈子。假如这250人中有20%的人能为你带来80%的业务和收益，那么能经常为你带来业务的人就是50人左右，这个数字刚好说明我们的人脉圈子中前两层的36个人是我们业务主要的提供者。

俗话说，"一个好汉三个帮，一个篱笆三个桩"。基本上所有成功律师的背后都有一个强大的人脉关系支撑，没有良好人脉的律师，常常寸步难行，很难在律师圈实现自己的人生价值。所以，青年律师需要重视情感投资，多和同学、老师、校友、同事、亲戚、老乡，甚至以前的当事人联络，如果别人有需要帮助的，尽我们所能去帮助。青年律师要构筑好、利用好我们的人脉圈，这是一个投资少、见效快的好办法。这也是成功律师们历来常用的营销手法之一。

九、青年律师的公益之路——普法宣传

　　公益律师通常是指受雇于政府法律援助机构、公益机构、非政府机构、非营利机构等组织，免费为某类人群提供法律服务的律师。现实中，广义的公益律师还包括从事公益活动的律师，例如为社区、机关、中小学校、高校、企业做免费的专题普法讲座的律师。

　　通过超越个案意义的公益诉讼，通过为一些具有代表性的弱势群体呼吁呐喊、争取权益保护，律师公益服务已经吸引了越来越多社会公众的目光，也承载着越来越多公众的期望。公益法律服务是低收费、免费甚至是倒贴钱的法律服务，如果客户知道你是一名热衷于公益事业的律师，是一名切切实实为老百姓办事的律师，客户对你的个人评价、对你的信赖度都会高出一筹。

青年律师刚步入社会时做公益律师最好的途径之一就是去做免费的专题普法讲座。

尽管我们国家的法治建设在日趋加强，社会公众的法制意识在逐步提升，但是普通民众能享受到的法律资源还是很匮乏的，能够获得的专业的法律服务还是很有限的。一个省，数十万的律师中，真正走入百姓群体中开展法律服务的还是比较少的。

青年律师最大的优势就是年轻，他们有大量的时间可以为公众和小企业做点实事，并借此沉淀自己。青年律师可以利用星期天、节假日等时间，到居民社区开展法律宣传和义务咨询服务，以扩大自己的影响面。在进行义务咨询活动时，可以考虑事先制作一些醒目而简单的横幅和律所及律师个人的宣传资料，在现场分发这些宣传资料。也可以考虑在人流密集的批发市场、大型综合商场、大超市等摆摊提供免费法律咨询服务，通过免费解答法律问题，有时可能会收获一些意外的案源。

青年律师还可以利用闲暇时间为中小学生开展普法专题讲座。如今，有很多校园法律问题频发，引起家长、学校、社会的关注。此外，很多青少年缺乏法律知识，不懂自我保护，很容易受到伤害，甚至受到伤害还不敢声张。

通过我们的公益讲座，让青少年学会保护自己，这样的公益事业，也体现了律师的个人价值和社会价值。

另外，青年律师可以通过中小企业联合会等协会机构，常到小公司和小企业中走走，为这些亟须法律服务的起步企业提供免费的法律讲座和法律服务。除了诉讼外，一些内控制度的建设、风险的防范、合同的规范化、劳动纠纷的处理等，都可以成为我们服务的内容，如果这些企业成长了，未来必将成为我们很好的客户。这些企业将是通向其他大企业的桥梁，并且是最好的桥梁，多到中小公司做些普法宣传方面工作，客户和案源会慢慢多起来。

十、做好法律援助

根据国务院《法律援助条例》的规定，"律师应当依照律师法和本条例的规定履行法律援助义务，为受援人提供符合标准的法律服务，依法维护受援人的合法权益，接受律师协会和司法行政部门的监督"。青年律师作为业内新人，更是要当仁不让地做好法律援助工作。

首先，青年律师要积极参与法律援助工作，并将其当作一项长期的工作来要求自己。由于法律援助案件是政府拿钱来补助，律师的收费相对要低很多，因此有些青年律师参与法律援助的积极性并不高，甚至狭隘地认为"法律援助都是费力又赔本的活儿"，这种认识实际上是错误的。作为刚入行的新人，很多青年律师都苦于没有案源，虽然法律援助案件的费用低，但是有案子可以锻炼自己并且能增加收入，何乐而不为呢？通过法律援助多做几个公益案件，也是提升自己的大好机会。

其次，青年律师要做有情怀的法律援助律师。法律援助是一项充满爱和传播爱的工程，通过免费的法律救济，让贫苦的百姓能请得起律师，打得起官司，更好地通过法律手段维护自己的权益。我之前在做法律援助案件时，接触到的当事人都是弱小的，无助的，对他们而言，法律援助就是唯一的希望，是公平和正义的象征。几年前，我曾代理了一起交通事故损害赔偿的法律援助案件。受害人是一对夫妻，无子女，女方是残疾人，男方在工地做散工，男方下班回家的路上遭遇交通事故被撞，后抢救无效死亡。法院一审判决肇事者赔偿 138 万元。肇事者不服上诉，要求少赔 80 万元，理由是死者为农村户口，应按农村标准赔偿。受害人当时又气又急，突然之间失去了唯一的老伴，家里也无劳动力，赔偿金就是女方今后生活的主要经济来源，如果法院改判，她的生活将异常艰难。案件的争议焦点在赔偿金的计算标准，到底是按城镇标准还是农村标准计算。为了能够帮到受害人，我多次到法院、受害人户籍地村委会、现在居住地寻找线索，拿到了受害人在城镇居住已满一年的证据和土地被征用的证据。虽然他的户籍登记地在农村，但他的土地被征用，且在城镇生活工作，属于"人户分离"的失地农民。此外，我还调取了相关证据证明受害人的主要收入来源是陆陆续续的临散工收入。法院最终采纳了我的代理意见，判决驳回肇事者的上诉，维持原判。拿到判决书时，女方忍不住激动地哭了。我当时触动很深，这次法律援助让我深刻理解了法律援助的价值和律师的价值。

青年律师可以利用好时间多做法律援助，用我们的专业知识为老百姓做一些力所能及的法律服务，既维护了他们的合法利益，又提高了自己的社会知名度。身为律师，应当有天生的正义感、责任心，能够路见不平、拔刀相助。法律援助正是充分体现了律师的执业价值。它既为青年律师解决生计问题，又让每个当事人感受到社会的阳光和公平正义，也提升了律师的知名度并树立了良好口碑。

十一、选好你的师父律师

　　每个青年律师在刚开始从事律师职业的时候，都会有一个师父律师领着你前行，告诉你怎么做案子，怎么处理人际关系，怎么与法官沟通，怎么处理好与当事人的关系等，有些师父律师会手把手地、毫无保留地教授徒弟律师，当然也有师父律师可能忙于自己的业务而无暇过问徒弟律师的进步问题。根据本人的经验，青年律师在从业之初，需要选好一名适合自己的师父律师，并且在羽翼未满的时候"用"好你的师父律师，使自己尽快地成长。

　　尤其是对于一些个人能力比较弱、沟通能力有所欠缺、孤身异地执业的青年律师，他们在实施我们前面所总结的这些律师取得案源的方法时可能会遇到很多困难，或者奏效很慢。这个时候，找一个好的师父律师就显得比较现实和重要了。我们可以通过师父律师来给我们介绍案源。

怎样才能找一个会给徒弟许多案源的师父律师，并且让他同意收你为徒呢？

首先，青年律师自身要具备一定的素质和能力，假如你自身不具备必要的素质，好的师父律师是不会收你为徒的。青年律师初到律师事务所实习的时候，最先要学会的就是勤快。我们所原来有一个国内知名政法大学毕业的实习律师，刚到律师事务所实习时，她每天早上都是第一个到所里，晚上最后一个离开。办公室烧热水、办公区环境打扫这些事儿，在其他同事来之前就全被她干完了，所里同事买饭、买夜宵也都被她代劳了，更重要的是，她每天乐此不疲地干着这些闲杂活儿，还毫无怨言、乐呵呵的。其他律师忙不过来，请她代为调查、取证、做文件甚至替代出庭，她都是坚定不移、不折不扣地执行。而且她法学理论功底较好，每一项律师交办的任务她都完成得很尽心、很精彩。实习没多久，所里律师就都认识她了，而且都很喜欢她，很多合伙人都想要收她做徒弟律师。

其次，初入职场时，青年律师要学会低调、不张扬。

律师需要宣传自己、营销自己、张扬自己的个性，但是作为刚到所里的青年律师，还是要尽量学会低调，不要刻意炫耀自己的名校出身、显示自己的法学才华，更不能自以为是地评论其他律师的水平和办案能力。夸夸其谈的徒弟，一般律师都不太愿意带，以免给自己带来麻烦。

再次青年律师不要太计较个人的得与失。俗话说，"舍得舍得，有舍才有得"。当你刚到律所实习的时候，不要太计较个人的得与失，有付出才有收获，对于每一次咨询，不论当事人未来是否委托你，你都需要尽心尽责地为其解答，想方设法为其排忧解难；每一个案件，不论代理费是 50 元还是 500 元，都需要尽心尽力去办好，让当事人被你的敬业所感动。客户的认可和赞美不仅会给你带来案源，更会间接告诉其他律师你的能力和魅力。在实践中我们也发现师父律师在选择徒弟律师时，往往会观察该实习律师接待当事人时的态度和当事人对他的评价。

最后，青年律师还要谦虚、主动学习。积极向执业时间长的、学历高的、经验丰富的律师学习，抓住机会不懂就问，逼迫自己成长。

实习律师的一言一行都会被所里的老律师看在眼里，记在心里，一旦需要选助理律师的时候，勤奋、主动、热情、谦虚、低调，且受人欢迎的青年律师就会成为首选对象。得到师父律师"真传"的青年律师，必然会比单枪匹马奋斗的律师要成长得快得多、容易得多。师父律师的案源一般比较多，自己根本做不完，一些小案件就会直接交给徒弟律师去办，甚至师父律师会把自己的客户引荐给徒弟、分享给徒弟。有了师父的提携，青年律师何愁开拓不了案源？

十二、开拓私人法律服务市场

　　随着社会经济的发展，越来越多实现财富自由的成功人士或者是一些家族企业的成员，都喜欢结交律师朋友，生活中有法律问题可以咨询，工作上有些方案也可以请律师朋友以更客观冷静的视角来帮助自己分析，出谋划策。律师全程参与公民个人的法律事务的全部过程，保证及时获取相关证据，确保公民合法权益不被侵犯。另外律师以更独特的眼光，娴熟的法律专业，丰富的谈判经验，来协助当事人开展商事活动，更有利于商业交易的顺利达成。同时，在出现法律问题之前，私人律师以最快的方式介入，能够以最小的成本、最有效的方式规避风险。

　　私人律师，又被称为"私人法律顾问"，指公民个人聘请的，为个人提供专业的法律咨询、法律风险防控方案、纠纷处理方案、案件代理等法律服务的律师。私人法律服务在欧美国家已经非常普遍，美国前总统罗斯福年轻时就曾担任过一些老板的私人法律顾问。但是，目前在我国，私人法律顾问市场仍然是一片空白。随着中产阶级的崛起，公民私人财富也在集聚，国内的私人法律服务市场蕴藏着巨大的商机和利润，关键是青年律师该怎么去开拓该市场。

　　其实，不仅实现财富自由的成功人士可以请私人法律顾问，普通百姓、中小企业负责人、职业经理人、个体工商户、企业管理人员以及其他涉及较多经济和法律事务的社会人士，也需要私人律师。比如，中小企业负责人在日常工作事务中，有时很难将公司事务及个人事务区分开。又因企业规模有限，单纯的法律事务数量有限，企业聘请常年法律顾问的可能性较小，对于这些中小企业负责人，聘请私人法律顾问，则极其有必要。同样，对于许多职业经理人及企业管理人员，经营、管理企业的法律风险也是其自身的职业风险，其在工作中处理涉及的法律问题时，就可以参考律师的建议。私人律师会为您审核所有法律文件，规避法律风险。

对日常法律服务有需求的普通民众，其法律需求以民间借贷等债权债务、婚姻家事、继承、房产、土地、拆迁安置、损害赔偿、用工争议、竞业限制等方面为主。这类业务，常年法律顾问可以少收取一点费用。对于企业中高层管理人员、合伙企业和个人独资企业等小企业经营者、个体工商户，法律需求以日常经营管理、债权债务、合同、用工争议、竞业限制等方面为主，此类业务，常年法律顾问费用可收几千元一年。对于中小企业股东、私营企业主、个人投资者等，法律需求以投资、经营管理、股权、债权债务、合同等方面为主，常年法律顾问费用可适当高一点。对高端人士私人的常年法律顾问可采取常年法律顾问加专项论证收费。如投资、经营管理、股权、债权债务、合同、税务筹划、财富管理、信托、移民及其他专项法律服务另外签订服务协议。

私人法律顾问服务的内容主要有：

（1）电话、当面法律咨询，包括但不限于债权债务、房屋拆迁、房屋买卖、婚姻家庭、劳动工伤、社会保险、私人投资、消费、继承、交通事故赔偿、人身损害赔偿等；

（2）为个人经营、投资合伙入股事宜，房地产买卖事宜等提供法律意见；

（3）起草、审核各类法律文书，提供各种民事、经济活动的合同文本格式；

（4）出具重大商务事宜律师意见，代表客户进行交易、纠纷谈判，协助草拟谈判提纲；

（5）为客户进行交易相对方的资信调查，避免上当受骗，或者和资信不良者进行交易；

（6）提供客户从事行业相关的最新法律法规信息；

（7）债权债务以及民间借贷的合同、欠条、借条、收条草拟，债权债务履行期间的债权管理，追讨债权的法律技巧和方式方法，债权的诉讼保护以及诉讼时效等法律问题；

（8）家庭财富传承方案合法合规性审查；

（9）家庭财产关系及法律保护的书面律师意见，如：夫妻共同财产、婚前个人财产、夫妻共同债务、个人债务、离婚财产分割以及子女抚养、抚养费支付、探视权等；

（10）家庭成员其他法律咨询律师意见；

（11）代理各类诉讼、仲裁案件；

（12）发送、回复律师函。

虽然很多人有对私人律师的需求，但私人律师在国内尚未盛行，如果年轻律师率先钻研这一领域的法律问题，提前布局、抢占先机，可能会获得充足的案源，并成为该领域独树一帜的知名律师。

律师开拓案源的最高境界：「吸引」案源

■ 第四章　PART FOUR

一、用团队的力量吸引案源

　　相对个人的力量来说，团队对客户的吸引力往往要大得多，尤其是当今社会法律服务的事项趋于复杂化、多元化、大型化，即使是实力强大的知名律师，仅靠自己的力量也很难撑起全项目的法律服务内容，难以满足多方面的专业服务需求，更何况我们还是初出茅庐的青年律师。青年律师要单枪匹马去赢得客户信任、完成全部法律服务工作内容，是一件比较困难的事情。

　　为顺应行业发展的趋势和适应变化的市场需求，许多律师本着大展宏图或是抱团取暖的目的逐步建立了属于自己的律师团队，或加入了他人的律师团队，成为其中的骨干，以团队的名义对外开拓案源、承揽业务。

建立或加入一个强大的律师团队对于青年律师来说意义非同寻常，可以通过团队提升自我，通过团队分享案源和客户。加入骨干律师的团队，会使自己提升更快，借助团队的知名度提高自己的知名度，从而吸引案源。

建立一个好的律师团队，首先，需要选好团队的核心领导人物，即团队的领头羊。一个团队的领导，是这个团队的灵魂，在很大程度上影响着一个团队的风貌、品格，决定着这个律师团队格局能有多大、站得能有多高、路能走多远，甚至在关键时候会决定一个团队的存亡。高格局的领导者会带着团队走向光明，而狭隘的领导者会让团队走向毁灭。团队领导者的领导力的本质就是影响力，让众人信服，让众人心安，让众人有奋斗的目标，让众人共享团队的成果。领导虽不能事无巨细，但必须要有大局观，作为灯塔屹立于队伍的最前方。对于青年律师而言，无论你是自己组建团队还是加入一个既有的团队，团队领导者的选择是至关重要的，做对事的前提就是跟对人。

其次，组建一个团队必须要有完善的团队培养体系和团队晋升体系。无论是从团队发展来看，还是从成员发展来看，培养体系都是必备内容。一个实习生进入团队，即便他的法学知识非常丰富，也是需要有人对其进行带教的，否则他难以从事实务工作。优质的培养体系对成员自身发展也有重要作用，当一个成员仅仅获得收入而收获不到其他东西的时候，他就会觉得这个团队不是最终归宿，想要有更多的追求。晋升体系是非常符合实际的制度设置的，即便不谈晋升报酬，仅仅从心理学的角度来看也是很有必要的，因为没有任何人想原地踏步。

再次，组建团队还要树立团队统一的价值观。不同的团队有不同的价值观，在认识事物和辨别是非时有着不同的认知、理解、判断或抉择。有的团队贵在合作，有的团队重在竞争，有的团队理想至上，有的团队收益为首，有的团队理想与金钱并举。例如，深蓝律师团队的价值观就是"树百年品牌，建百人团队"。这是从品牌和规模两个角度提炼出来的价值观。认同这一价值观的，会留在团队内，不认同的，往往会选择离开团队。总之，价值观的确立是整个团队统一步调的思维基础，优质价值观的确立对于增进团队认同感大有益处。

最后组建团队就要营造积极、和谐的团队氛围。团队氛围对提升团队的效率和凝聚力有巨大影响，而且越是小团队，越是需要积极、和谐的团队氛围。有时候团队中有个比较活泼积极的人，便可以带动整个团队的和谐氛围，个体的工作动力也会被激发得更强。如果团队中缺少这样的人，也可以通过建设团队文化来达到这一目标，营造轻松、和谐的团队氛围。

二、用学术能力包装自己

律师需要具备实践操作能力，但是实践发现，具有学者气息的专业律师更能吸引客户。青年律师可以让自己成为学者型的律师，用学术能力来包装自己。

1. 积极参加各种规格的学术会议

学术会议是一种以促进科学发展、学术交流、课题研究等学术性话题为主题的会议。学术会议一般都具有国际性、权威性、高知识性、高互动性等特点，参会者一般为专家、学者、教师等具有高学历的研究人员。由于学术会议是一种交流的、互动的会议，因此参会者往往都会将自己的研究成果以学术展板的形式展示出来，使得互动交流更加直观、效果更好。如果青年律师能够勤动脑、勤动手，写出高质量的论文参加行业学术研讨会，往往可以得到行业大咖的欣赏和推荐，他们的提携能使你更快速地提升。尤其是这些大咖会经常参加一些公检法系统及大型企业的专题会议、论证会等，通过他们的引荐，你可以接触到更优质的资源。

参加学术会议过程中，听别人的报告、看别人的成果，也可以重新认识自己、评估自己。通过与同行间的横向比较，可以知道哪些律所、哪些单位、哪些人士的研究水平高，进而提高自己的学术知识水平。律师通常忙于实务操作，很少有时间静下心来搞法学理论研究，通过这种学术报告的形式可以快速提升自己的理论水平，从而对自己的工作有较为系统的评价。

2. 参加一些专业论坛

青年律师应积极参加专业论坛，如果你有一些真知灼见，就尽可能地争取机会与主办方沟通，在论坛上做一个主题演讲或主题发言，然后通过媒体等方式适当地"炒作"自己，这样会让更多人认识你、知道你、了解你。论坛主要有两种形式，一是参加高层论坛展现自己的实力，表达自己的观点。高层论坛大腕云集、卧虎藏龙，即使自己只是个参与者，也可以通过和大腕零距离接触，聆听大腕的声音，学习大腕的成功之道，与大腕共同探讨法律问题，这不失为年轻律师迅速成长的捷径。二是在条件允许的情况下，组织小型的公益论坛，邀请志同道合的同行或有法律需求的当事人参加聆听，进行法律讲座，实行友好互动。通过媒体将公益论坛传播出去，让潜在的客户知道并找到自己。

3. 出版专著

青年律师在日常的工作和受托处理法律事项的过程中，可以稍微留点心，将自己在处理案件时所思考的东西写出来，用笔记录下这些点点滴滴，把实践经验升华到一定的理论高度，然后将这些日常积累的思想出版成书或汇编成册。通过这种方式不仅可以打造自己的个人品牌，提升自己的知名度，容易吸引到客户，也可以使你在同行业中脱颖而出。我在工作中经常会把自己承办的一些特殊的案件整理出来，写成一些小文章发表到业内的刊物上，既是与同行业分享经验，也是抛砖引玉提升自己。我们也一直鼓励所里的青年律师一定要尽可能地把自己办案的感悟整理成文章，彼此分享思想。

出书主要有两大目的：一是通过与出版社合作公开出版发行自己的作品，在销售图书的同时，分享自己的经验和思想，接受业界的批评和指正；二是把自己的零散作品汇编成册，根据不同客户的不同需求，有针对性地赠送，这会让当事人感觉你是一个有思想、有深度、有高度的律师，会对你刮目相看，更有利于案件的委托。

三、热心参政议政吸引案源

律师属于比较特殊的职业，不仅要有商人的思维来谋求生计，还要有学者的精神来钻研案件，同时还要有政治的意识推动法治进程。这就要求律师不仅要会办案、会做人，还要有政治意识，积极参政议政，为法治中国建言献策。很多企业在找法律顾问的时候，会比较关注律师的政治身份，比如说人大代表、政协委员、政府部门的法律顾问等。尽管这些身份仅仅是个光环，不代表律师的实际水平和能力，但是通常情况下，当事人会认为有政治意识的律师看问题的角度会更高瞻远瞩，解决问题的手段更加高明。

当前律师参政议政的途径主要有：一是积极竞选各地各级人大代表、政协委员，律师只有参与到各级人大和政协后，才能够把自己的某些想法变成社会现实，推动国家的法治进程，同时也提高自己的知名度和社会影响力；二是积极加入中国共产党，提交议案、发表意见，提高自己的政治觉悟和参政水准；三是进入各级律协的各专业委员会或各业务委员会，成为大牌律师，实现人生价值；四是加入各地的法学会、青联或工商联等组织，律师和有地位的人在一起通常可以提升自己的地位，赢得更大的发展，有更多的作为；五是应当积极向各级国家党政机关和立法机关提出法治建议，关注国计民生。

在上面提及的领域中，你接触到的人物都是各行各业的佼佼者，如果你善于把握，主动在代表、委员中间宣传、塑造自己良好的专业形象，也能为你带来更多重量级的客户。同时，律师也能以这种方式来扩大自己的影响力，接到更多优质案源。

四、重视老客户关系的维护

　　老客户是指合作过一次后再次找你提供法律服务的客户。事实上，老客户比新客户更加容易争取，且值得争取。老客户带来的案源比开拓新客户的案源要更轻松些，在营销界有句至理名言"开发十个新客户，不如维护一个老客户"。由此可见，老客户对于我们案源开拓的重要性。

　　首先，争取老客户比新客户客更容易。因为新客户对事务所毫无认识，所以只要某一环节出错，新客户就会轻易地转身离开。而老客户对事务所有了一定的信任度和忠诚度，尤其对于专业法律服务，随意更换律师可能会有不可预测的法律风险，所以除非老客户在以前的法律服务当中，对律师事务所和律师的印象不太好，对服务不甚满意，否则他们一般不会轻易更换律师。

其次，留住老客户的成本比开发新客户的成本低很多。一般而言，留住老客户的成本是发展新客户成本的五分之一。开发新客户时，我们首先要进行大规模的市场调查，需要投入大量的时间和精力去寻找合适的目标客户，然后对调查结果进行总结分析，根据分析结果制定相应的营销策略，然后去实施该营销策略。这每一个环节都需要大量的财力、物力和人力支持，并且有时候我们花费大力气去实施的营销策略可能根本不能吸引到新客户，出现事倍功半的效果。

最后，老客户可以给事务所带来巨大的间接经济效益。

众所周知，老客户的推荐是新客户光顾的重要原因之一。而老客户都有着自己的关系网络和社交圈子，老客户的一句赞扬话语胜过百句动听的广告。所以，我们在努力开拓新客户的同时，还要更多地把重点放在维护老客户身上，想方设法将老客户的满意度转化为持久的忠诚度。

维护客户的最终目的是和客户保持良好的关系。这种关系包括工作关系和适当的私人关系。当然，和客户建立过深的私人关系也有不利于工作的地方，往往容易使律师丧失独立性。而失去独立性的律师容易失去客观的理性，律师的价值便会大打折扣。律师可以通过采取一些措施来和客户保持良好的关系。具体有以下一些方式：

1. 简报

律师事务所可以不定期地出纸质版的或电子版的事务所内部刊物分发给顾问单位。作为年轻律师，也可以组成团队以电子版形式向有关单位或潜在的顾问单位推送最新法律法规以及介绍自己办理的成功案例。

2. 通过短信平台与客户联系

将新出台的法律法规通过信息平台发送给客户，既是对客户的提醒，也是与客户保持联系的渠道。

3. 工作报告

律师与客户之间是平等的合作关系，但也是委托与被委托的关系。要养成定期做书面报告的习惯，一是让客户感觉到你很尊重他，同时也是让他知道你为他干了不少事。

4. 与客户保持工作外的交往

比如对某些工作外的活动有共同的兴趣爱好，如体育、音乐、文学等，由此发展出共同的话题，有利于工作的开展。我们要善于发现与客户的共同点，以便深入交流。

留住老客户可以使律师实现竞争优势，达到事半功倍的效果，所以我们要把维护老客户作为案源开拓的头等大事来对待。

五、开拓老客户所介绍的新客户的技巧

与老客户搞好关系后，老客户往往会本能地向身边的朋友、邻里、同事介绍推荐他觉得不错的律师，这样自然而然就会给我们带来新的客户。有了老客户的大力引荐，新客户的业务会比较容易承接，但这并不意味着一定能承接到该案件。青年律师还要注意一些技巧。

（一）拜访客户前，要充分了解客户

1. 判断客户是不是关键人物

营销界有句名言，"没有见到有权利买单的人，就不叫有效拜访！" 不管你拜访了多少人，如果他不是关键人物，便不会有结果。所以，一定要想尽办法找到关键人物。如果老客户介绍给你的新客户不是关键决策者，那么你在和这个客户约见面的时候，要尽量想办法让他把他的上级都叫上，这样，一次拜访就可以解决很多问题。

2. 收集客户资料

客户资料，可以是客户个人、决策人的信息，也可以是客户所在行业和公司的信息。个人信息包括：客户个人姓名、电话、职务、经历、籍贯、年龄、个性、兴趣爱好、健康状况、家庭状况、社会关系，等等。公司状况包括：公司所属行业、业务情况、财务状况、在市场上与同类企业相比的竞争优势、企业经营的特点、企业内部分工、决策程序等尽可能详细的资料。

3. 判断客户是否有购买法律服务的意愿

即使客户有能力购买法律服务，但是如果其当前并没有迫切的需求，那我们就没有必要见，或者说不急于一时。当然，如果是重要的潜力客户，单纯想维护关系，那另当别论。

如何在见面前判断客户是否有购买意愿呢？我们可以

根据客户的财力，评估他们是否有能力消费自己的法律服务产品，或者通过电话沟通，摸底客户的迫切程度。还可以尝试了解客户的性格、做事风格，以及该客户在意的点，比如客户的需求是什么。简单说就是，我们要关注到最可能影响成交的因素是什么。

4. 明确拜访目标，带着任务去

拜访客户时，是否有明确目标，关系到此次拜访的成败。没有目的的拜访，结果很可能就只是双方交换了下名片而已，不会得到有用的、实质性的信息。对于拜访目标，可以根据前期对客户的了解程度来定。比如，如果是初次拜访，可以把自己律所的资料和介绍推给对方；同时了解下客户公司的内部架构以及客户个人信息，比如家庭状况，兴趣爱好；打探下对方公司预算、市场范围、目标合作方情况、对自己产品需求点等。如果是二次拜访，就重点介绍客户感兴趣的产品以及其他更深入的东西。

5. 拜访问题准备

有些青年律师满怀希望、兴致勃勃地跑去拜访目标客户，最后却吃了个闭门羹或者被客户冷面回应、委婉拒绝。出现这种问题，可能是因为你没有摸清楚客户的真正需求。曾有青年律师问我，"我还没见到客户，怎么可能知道他怎么想，会有什么需求呢？只有见了面才能知道，可是他连见面的机会也不给我"。根据我们的经验，客户关心的问题往往是法律产品、价格和服务这三大方向。青年律师在拜访前可以把这三方面相关的问题提前准备好。

（二）挑选最理想的拜访时间

约见客户，除了要精准锁定打动客户的点之外，还要找到和客户见面的最理想时间，只有在客户最空闲的时间，才是拜访的最理想时间。

比如，你的客户是公司职员，那拜访的时间最好选择在中午，如果你准备请客户吃饭，最好在快下班前半小时左右赶到，如果不想请吃饭最好早去早回。如果是登家门拜访，那最好选在晚上 6 点至 8 点。

拜访时间不宜过长，控制在半个小时左右比较合适。如果你的客户工作特别忙，那最好提前和他打招呼说明本次拜访的时间，这样对方更能接受一点，或者他会考虑什么时间方便时再与你面谈。

（三）做好相关资料准备

需要准备的资料具体有：律师事务所和个人律师的宣传资料、笔记本电脑、经典大客户案例、律所合同范本、法律服务产品信息。其中，法律服务产品的相关资料需要有：律师事务所的法律服务产品类型、单价、总价、优惠价、付款方式、合作细则、服务约定、特殊要求，等等。另外，可以准备纸、笔、名片、小礼物、便利贴、小U盘等，方便及时记录客户交代的细节，或者拷贝资料。大部分的文件性宣传资料可以准备在笔记本电脑里，方便打开演示给客户看，还可以在拜访前精心准备一个相关的ppt，介绍律所和自己，以及本次会谈的相关信息。

（四）拜访前要演练

拜访前，青年律师可以自己在脑海中预演一下拜访可能发生的场景画面。练习的内容，可以是从进门到拜访结束的全过程，可以精准到客户会问什么问题、怎么回答。通过这样的模拟练习，可以有效缓解实际见面时的紧张和恐惧感。

（五）放平心态，平等待之

拜访客户时，保持平和的心态非常重要。有些青年律师刚开始独自拜访客户时会比较紧张，害怕自己不小心说错话会错失一个案件的委托，有些青年律师为了获得案源而过分视客户为上帝，态度低三下四、委曲求全，如何来破解这个问题呢?

除了我们前面所说的拜访之前要做一个目标清单外，律师更要明确一点：双方之所以能坐到一起，说明客户有法律服务的需求，需要我们律师提供专业的法律服务来替他解决问题。

（六）要注意"倾听"

学会"倾听"，并不是被动地倾听，客户说什么，你就记什么，单纯地接收，不去思考背后的原因，也不给客户任何反馈。正确地倾听，应该做到及时回应，或者用点头、微笑、热情的眼神等来回应客户。最重要的是，在客户说话过程中，你要关注并思考客户说这话的原因、动机以及期望是什么。

（七）明确约定下次拜访时间

一次拜访就成功接受委托的情况相对比较少，即使是大律师，也是需要经过多次磋商对接才承揽案件的。在会面结束时，我们可以尽量约定好下次拜访的时间。比如这样说，"非常感谢您给我们介绍了这么多宝贵的信息，根据我们今天会谈的内容，我回去再做一个细致的服务方案，然后再来向您汇报，您看下周什么时间我们再见面谈下，我把细化后的方案带过来让您审阅，可以吗？"等客户答复后，我们可以致谢告辞。

（八）做好客户拜访后的善后工作

结束对新客户的拜访后，回去要第一时间记录下本次拜访所获取的有关信息。比如，客户的性格特征、个人喜好、言谈举止、办事风格、办公室装修风格等；交流过程中，客户对法律服务的关注点是什么，提出了哪些问题，双方沟通了哪些事项，约定了哪些事宜；总结自己在拜访时的表现是否得体，个人信息是否传达到位等。一定要第一时间记录下来，不要过于相信自己的记忆力。这样下次拜访客户前，只需花几分钟浏览一下这些记录，就可以快速精准地切入话题。

同时，要对客户进行分类、分级管理。律师如果把大量开拓案源的时间花在没有价值或者委托希望不大的客户身上，可能费时费力而收效甚微。所以，我们可以根据客户的贡献率对客户群体进行分类。如：

对于已经签订委托合同的客户，要跟进客户，做好回访工作，了解客户的反馈，加深和客户的黏度，全面提升客户的满意度。切勿成交之后，就把客户遗忘在一边，这样做只会让我们的客户越做越少。

对于尚未签订委托合同的客户，回去之后要做好相关工作，然后以满足客户提出的要求，或反馈不同意见为由，与客户再进行电话约谈；也可以以送新资料名义再次拜访；或者以刚刚去了某某公司为名，顺道来拜访；还可以带着同事以到别的单位提供法律服务为名，路过他们单位，顺便来看看有没有需要为他们效劳的地方，请他们尽管开口。总之，拜访的次数越多，接触的机会越多，你和客户关系就越深，越容易签订合同。

对于老客户介绍的新客户，一定要认真热情对待，并为其提供最佳的法律解决方案。另外，不论成功与否，一定要第一时间联系并感谢介绍新客户给你的老客户，告知他是否办理了委托，解决了哪些法律问题等，这是对作为介绍人的老客户的最基本的尊重，同时也传达了你的感谢之意。这一行为也会为你获得新客户和老客户的好感。

六、做一名专业化的律师

青年律师刚刚执业的时候，可能会因为现实而选择做个"万金油"律师，什么类型的案件都尽可能地参与和学习，但是你一定要明确自己未来的方向，尤其是当你觉得自己积累到一定程度时，务必要做一个专业化的律师。律师专业化是我们行业发展的大趋势，也是社会分工经济发展的必然需求。当律师在某一法律专业领域里处于绝对权威地位时，律师接案成功率肯定是比较高的。

青年律师需要根据自己所学习的专业知识，结合自己的兴趣点，深入观察社会对律师服务发展的需求，找到一个最适合自己的切入点，来对自己进行清晰而明确的专业定位，专注于某一法律专业领域，让自己成为该领域的专家。在寻找这个切入点时，务必要选你所喜欢的，因为只有喜欢，才能够在后续执业过程中长久地坚持下去。另外，这个切入点应尽量绕开传统法律服务领域。时代在发展，法律服务也在发展，传统法律服务的蓝海基本上已被现有的大律师垄断分割了，青年律师可以在新的服务领域寻找突破口，这样成名和开拓案源会更快些。

在学习的方法上，要想成为一名法律服务实战专家，首先要成为这一领域的判例专家和知识专家。要成为某一法律专业的实战专家，至少需要3年至5年，甚至更长时间，但要成为某一领域的判例专家或者知识专家，却可以在很短的时间内实现。当别人来向我们咨询法律问题时，我们应当充分调动自己的知识储备，并尽量多查查这些年来各地方的司法审判案例和法律法规规定，然后针对客户的提问做出尽可能精准的、令其满意的解答。这个学习的过程，也是开拓案源的过程。只有你自身所掌握的知识和你所拥有的能力才会为你赢得客户、开拓市场。这是市场规律下律师面临的一个不争的事实。

律师通过虚假宣传、花言巧语的方式欺骗客户，或者利用某些权力寻租的方式来刻意结交一些目前拥有权力的人，以此来获得案源，这样不但会达不到效果，反而会招人反感，甚至误入歧途，将自己引上不归路。

案源不是追求出来的，也不是靠权力引荐出来的，而是靠律师自身的能力和魅力吸引来的。在很多情况下，律师案源开拓的希望不能寄托在别人身上，唯有让自己变得强大，才能获得优质的人脉，源源不断地开拓出自己的案源。

一个律师能够给别人留下深刻的印象，一定要有某一方面的特质能够吸引别人的眼光。当然，最能打动别人的，还是律师严谨的思维和让人叹为观止的专业水准。当你能够坦然、大方、游刃有余地将自己最好的一面展示出来时，我相信，你一定能脱颖而出，成为一颗璀璨的律师明日之星，案源自然也不愁了。

"青山遮不住，毕竟东流去。"历史推动年轻律师发展，时代呼唤年轻律师发展。运用之妙，存乎一心。年轻律师只要肯钻研，不断总结，开拓案源的渠道一定会越来越宽！